شیر شاہ سوری

حیات اور کارنامے

ودیا بھاسکر

اردو ترجمہ : ممتاز مرزا

© Vidya Bhaskar

SherShah Suri - Hayat aur Kaarnaame

by: Vidya Bhaskar

Edition: October '2024

Publisher :

Taemeer Publications LLC (Michigan, USA / Hyderabad, India)

ISBN 978-93-5872-464-6

مصنف یا ناشر کی پیشگی اجازت کے بغیر اس کتاب کا کوئی بھی حصہ کسی بھی شکل میں بشمول ویب سائٹ پر اَپ لوڈنگ کے لیے استعمال نہ کیا جائے۔ نیز اس کتاب پر کسی بھی قسم کے تنازع کو نمٹانے کا اختیار صرف حیدرآباد (تلنگانہ) کی عدلیہ کو ہوگا۔

© ودیا بھاسکر

کتاب	:	**شیر شاہ سوری - حیات اور کارنامے**
مصنف	:	**ودیا بھاسکر**
صنف	:	سوانح
ناشر	:	تعمیر پبلی کیشنز (حیدرآباد، انڈیا)
سالِ اشاعت	:	۲۰۲۴ء
صفحات	:	۱۱۰
سرورق ڈیزائن	:	تعمیر ویب ڈیزائن

ترتیب

1	آبا و اجداد اور بچپن	7
2	حکومت	12
3	جاگیر کا انتظام	15
4	خود اعتماد زندگی کا آغاز	23
5	باہر سے تعلق اور اختلاف	27
6	پہلی بار شاہ کا لقب	38
7	مغلوں سے مقابلہ	47
8	افغان فوج کی فتح	57
9	کامیابی پر کامیابی	66
10	بنگال سے واپسی	73
11	پورے شمالی ہندوستان کا حکمران	80
12	شیرشاہ کا انتظامِ سلطنت	86

شیر شاہ سوری (حیات اور کارنامے) ودیا بھاسکر

شیر شاہ سوری

آباء و اجداد اور بچپن

ہندوستان کی تاریخ میں شیر شاہ سوری کا ایک اہم مقام ہے۔ ایک قدیم مورخ عباس خاں نے تاریخ شیر شاہی میں شیر شاہ کو 'سکندر ثانی' کا لقب دیا۔ 'تاریخ شیر شاہی'، شہنشاہ اکبر کے حکم سے لکھی گئی تھی اور اس کا مقصد افغانوں کی تاریخ کو مرتب کرنا تھا۔

شیر شاہ ان چند غیر ملکی حکمرانوں میں سے ایک تھا جنھوں نے ہندوستان جیسے عظیم اور وسیع ملک کو وحدت کے دھاگے میں باندھنے کی کوشش کی۔ شہری سہولیات اور ذرائع آمد و رفت کو بہتر بنایا۔ اس نے کئی غیر ملکی حملہ آوروں سے مقابلہ کیا اور اسی لئے اسے ہندوستانی عوام کی محبت، تعاون اور حمایت حاصل کرنے میں کامیابی ملی۔

مؤرخوں کا کہنا ہے شیر شاہ سوری اپنے دَور کا نہایت دُور اندیش، ہوشیار اور بے حد دانشمند حکمران تھا۔ اس کی یہ خصوصیت اس لیے اور بھی قابلِ تعریف ہے کہ وہ ایک نہایت معمولی جاگیردار کا بیٹا تھا۔ اس نے صرف اپنی بہادری، غیر معمولی ہمت، محنت اور دور اندیشی سے دہلی کا تخت حاصل کیا۔

جن دنوں افغانوں کے ساہو خیل قبیلے کے سردار سلطان بہلول نے دہلی کے تخت پر قبضہ جما رکھا تھا، ان دنوں مُلک کی حالت بہت زیادہ خراب تھی۔ ہندوستان مختلف ریاستوں میں بٹا ہوا تھا۔ کئی سردار خود مختار ہو چکے تھے اور ان کے صوبوں میں ان کا اپنا سکّہ چلتا تھا اور ان کے نام کا خطبہ پڑھا جاتا تھا۔ وہ مرکزی حکمراں سلطان بہلول کی مخالفت بھی کرتے تھے۔ سلطان کی زبردست خواہش تھی کہ ہندوستان میں زیادہ سے زیادہ افغان آکر آباد ہوں۔ اُس نے افغانوں کو نوکری، معاش کے دوسرے ذرائع اور دوسری سہولتیں بہم پہنچانے کا وعدہ کیا۔ اس کی پُرخلوص دعوت، سخاوت اور حوصلہ افزائی کی پیشکش کو منظور کرتے ہوئے افغان بڑی تعداد میں ہندوستان آنے لگے اور انھیں

ان کی مرضی کے مطابق جاگیریں اور ملازمتیں بھی ملنے لگیں۔ سلطان بہلول کا دورِ حکومت ۱۴۵۱ء سے ۱۴۸۸ء تک مانا گیا ہے۔

سلطان بہلول کی اس فیاضی سے فائدہ اٹھانے والوں میں شیر شاہ کا دادا، ابراہیم خاں سوری بھی تھا جو اپنے بیٹے حسن خاں سوری کے ساتھ افغانستان سے ہجرت کر کے ہندوستان آیا تھا۔ اس کی جائے پیدائش کو افغانی زبان (فارسی) میں 'شرگری' اور ملتانی میں 'روہڑی' کہا جاتا تھا۔ سور افغان اپنے تئیں محمد سور نامی سردار کی اولاد بتاتے تھے جس کا تعلق غوری خاندان سے تھا اور جو اپنے وطن سے ہجرت کر کے افغانستان میں بس گیا تھا۔ محمد سور نے افغانستان آ کر وہاں کے ایک سردار کی بیٹی سے شادی کر لی تھی۔ شرگری نامی قصبہ دریائے گومل کے کنارے کوہ سلیمان کی وادی میں بارہ۔ چودہ میل (۱۸۔ ۲۰ کلو میٹر) لمبی چوٹی پر بسا ہوا تھا۔ یہ لوگ سلطان بہلول کے جاگیردار محبت خاں سور کے دربار میں نوکر ہو گئے۔ اس سردار (محبت خاں سور) کو بہلول نے ہریانہ اور بہکلا کے پرگنے، جو اس وقت کے پنجاب کا ایک حصہ تھے، جاگیر میں دے رکھے تھے۔ ابراہیم خاں سوری اپنے خاندان سمیت بجواڑہ کے پرگنے میں مقیم ہو گیا۔

'تاریخ خان جہاں لودھی' کے مطابق شیر شاہ کی ولادت حصار فیروزہ[۱] میں سلطان بہلول کے دورِ حکومت میں ہوئی۔ اس کا نام فرید خاں رکھا گیا۔ ایک انگریز مورخ نے ابراہیم کے پوتے اور حسن کے پہلوٹھی کے بیٹے فرید کی تاریخ ولادت سن ۱۴۸۵ء یا ۱۴۸۶ء بتائی ہے۔ مگر شیر شاہ سوری کے ماہر محقق اور ہندوستانی دانشور جناب کالکا رنجن قانون گو نے فرید کا سن ولادت ۱۴۸۶ء تسلیم کیا ہے۔

کچھ عرصے بعد ابراہیم خاں نے محبت خاں کی ملازمت ترک کر دی اور حصار فیروزہ کے حاکم (نایک) جمال خاں سارنگ خانی کے ہاں ملازم ہو گئے۔ جمال خاں نے انھیں نارنول کے پرگنے میں کئی گاؤں دے کر چالیس گھڑ سواروں کی فوج رکھنے کے قابل بنایا۔ فرید خاں (جو بعد میں شیر شاہ سوری کہلایا) کے والد حسن خاں نے کالکاپور کے مسندِ اعلیٰ عمر خاں سروانی کی ملازمت اختیار کی۔ یہ سردار خانِ اعظم کے خطاب سے سرفراز تھا اور سلطان بہلول کا وزیر اور منظورِ نظر درباری تھا۔ صوبہ لاہور کا انتظام بھی عمر خاں کے ہاتھ میں تھا اور سرہند کے علاقے میں بھٹ نوٹ، شاہ آباد اور پابل پور کی جاگیریں بھی ملی ہوئی تھیں۔

---

[۱] مخزن افغانان کے مطابق یہ مقام ضلع دہلی میں واقع تھا جسے فیروز تغلق نے بسایا تھا۔

عمر خاں نے پرگنہ شاہ آباد میں کئی گاؤں حسن خاں کو بطور جاگیر عطا کر دیے۔

فرید خاں بچپن ہی سے بہت حوصلہ مند اور بہادر تھا۔ اس نے اپنے والد حسن خاں سے اصرار کیا: "مجھے بھی اپنے مسند اعلیٰ عمر خاں کے پاس لے چلئے اور ان سے درخواست کیجئے کہ میرے لایق کوئی خدمت سپرد فرمائیں"۔ والد نے فرید خاں کی بات یہ کہہ کر ٹال دی: "ابھی تو تم بچے ہو جب بڑے ہو جاؤ گے تو میں خود تمہیں اپنے ساتھ لے چلوں گا۔" فرید نے اپنی والدہ کے پاس جا کر ضد کی کہ آپ والد کو رضامند کیجئے۔ چنانچہ ایسا ہی ہوا اور حسن خاں اپنی اہلیہ کے اصرار پر فرید کو عمر خاں کے دربار میں لے گئے اور فرید کی خواہش کا اظہار کیا۔ عمر خاں نے جواب دیا کہ بڑا ہونے پر میں اُسے ضرور کوئی اہم خدمت سونپوں گا۔ فی الحال مہابل گاؤں (اس کا دوسرا نام بنی ہے) کا بلبونا می قصبہ بطور جاگیر عطا کرتا ہوں۔" فرید نے واپس آکر نہایت مسرت کے ساتھ اپنی والدہ کو یہ خوش خبری سنائی۔

اس واقعہ کے کئی برس بعد حسن خاں کے باپ ابراہیم خاں کا ناسول میں انتقال ہو گیا۔ وہ اس وقت جمال خاں کی ملازمت میں تھے۔ عمر خاں نے (حسن خاں کے مسند عالی، جو بہلول کی فوج میں تھا) حسن خاں کی زبانی اس کے باپ کی موت کی خبر سنی تو اس نے جمال خاں کو بلا کر کہا کہ حسن خاں کو اس کے باپ کی جاگیر کے علاوہ بھی کچھ مزید گاؤں بطور جاگیر عطا کئے جائیں۔ خود اپنی طرف سے اس نے حسن خاں کو ایک گھوڑا اور خلعتِ فاخرہ دے کر رخصت کیا۔ حسن خاں کی خدمات سے جمال خاں بہت خوش ہوا۔

سلطان بہلول کی وفات کے بعد سکندر لودھی دلّی کے تخت پر بیٹھا اس نے اپنے بھائی بیبک خاں (بربک خاں) سے جنگ کی اور جون پور کا صوبہ فتح کر لیا اور جمال خاں کو جون پور کا صوبے دار مقرر کر کے حکم دیا کہ وہ بارہ ہزار سوار فوج تیار کرے اور ان سواروں میں جون پور کے صوبہ کو جاگیروں کے طور پر تقسیم کر دے۔ حسن خاں کی خدمات اور کارکردگی سے متاثر اور خوش ہو کر جمال خاں اسے اپنے ساتھ جون پور لے آیا۔ اور اسے پانچ سو سواروں کا افسر مقرر کر دیا۔ اس نے حسن خاں کو بنارس کے نزدیک سہسرام، حاجی پور اور ٹانڈہ کی جاگیریں عطا کر دیں۔

حسن خاں کے آٹھ لڑکے تھے۔ فرید خاں اور نظام خاں اس کی پہلی بیوی جو افغان تھی، کے بطن سے تھے۔ علی اور یوسف دوسری بیوی سے اور خرم (کچھ کتابوں میں یہ نام مُدہر ہے) اور سخی خاں ان کی تیسری اہلیہ سے تھے۔ جب کہ سلیمان اور احمد چوتھی بیوی سے تھے۔ فرید کی والدہ بہت سیدھی سادی نیک اور سمجھ دار خاتون تھیں۔ فرید کے والد نے اس بیاہتا بیوی کے علاوہ تین کنیزوں کو بھی اپنے حرم میں داخل کر لیا تھا جنھیں بعد میں بیگم کا درجہ دیا۔ فرید اور نظام کے علاوہ باقی چھ بیٹے انہی کنیزوں کے

پیٹ سے تھے۔ کچھ عرصے بعد حسن خاں نے فرید کی والدہ سے دوری اختیار کرلی اور ان کنیزوں کی طرف زیادہ مائل ہوتا گیا۔ وہ خاص طور پر سلیمان اور احمد خاں کی ماں پر کچھ زیادہ ہی التفات کرنے لگا۔ اسی وجہ سے آئے دن خاندانی جھگڑے کھڑے ہونے لگے۔ حسن خاں کی یہ چہیتی بیگم (سلیمان اور احمد خاں کی ماں) فرید کی ماں سے بے حد جلتی تھی، کیوں کہ سب سے بڑا بیٹا ہونے کی وجہ سے فرید خاں ہی اپنے باپ کی تمام املاک اور جاگیر کا وارث تھا۔ ان حالات میں فرید کا رنجیدہ اور پریشان ہونا قدرتی امر تھا۔ باپ بھی اس کا مخالف ہوگیا اور باپ بیٹے کے تعلقات منقطع ہو گئے۔ ایک طرح سے اس کا نتیجہ اچھا ہی ہوا باپ کی مخالفت، سوتیلی ماں کے ظلم، حقیقی ماں کی سنجیدگی اور بردباری اور گھر کے کشیدہ ماحول اور بڑھتی ہوئی کشمکش کے باعث ننھا فرید شروع سے ہی بے حد سنجیدہ، ارادے کا پکا اور خود اعتماد ہو گیا۔ اگرچہ نارنول سے سہسرام اور خواص پور پہنچ کر اور بڑی جاگیر مل جانے سے حسن خاں کا رتبہ بڑھ گیا تھا مگر فرید کی ماں کے ساتھ اس کی بے اعتنائی اور بدسلوکی بڑھتی ہی چلی گئی۔ باپ بیٹے کے تعلقات دن بدن خراب ہوتے گئے۔ فرید ناراض ہوکر جون پور چلا گیا اور جمال خاں کے دربار میں حاضر ہو گیا۔ جب حسن خاں کو اس کا علم ہوا کہ فرید جون پور چلا گیا ہے تو اسے خطرہ محسوس ہوا کہ کہیں جمال خاں سے وہ اس کی شکایت نہ کردے۔ چنانچہ اس نے جمال خاں کو لکھا کہ فرید مجھ سے ناراض ہوکر جون پور چلا گیا ہے۔ براہِ کرم اُسے سمجھا بجھا کر میرے پاس روانہ فرمادیں اور اگر وہ آپ کے حکم کے باوجود گھر واپس آنے کے لئے تیار نہ ہو تو اُسے وہیں اپنے پاس رکھ کر اس کی دینی تعلیم کی تکمیل کی زحمت فرمائیں۔

جمال خاں نے فرید خاں کو بلواکر ہر ممکن طریقے سے اسے سمجھانے کی کوشش کی لیکن اس نے گھر واپس جانے سے صاف انکار کردیا اور کہا: "اگر میرے والد مجھے گھر بلواکر میری تعلیم مکمل کرانے کے لئے فکر مند ہیں تو میرے لئے جون پور میں رہ کر علم حاصل کرنا زیادہ مناسب ہوگا، کیوں کہ یہاں بڑے بڑے عالم فاضل اساتذہ موجود ہیں[1]۔" جمال خاں نے جب دیکھا کہ فرید کسی طرح واپس جانے کے لیے تیار نہیں اور جون پور میں رہ کر ہی پڑھنا چاہتا ہے تو اس نے اجازت دیدی۔

فرید خاں نے جون پور میں عربی زبان اور قاضی شہاب الدین کی مرتبہ صرف و نحو پڑھنی شروع کی۔ اس کے علاوہ شاہان سلف کے حالات بھی دل جمعی سے پڑھے۔ اس نے مختلف مذاہب کی کتابوں کا بھی مطالعہ کیا اور سکندر نامہ، گلستاں اور بوستاں وغیرہ حفظ کرلیں۔ ہندوستان کا شہنشاہ بن جانے کے بعد بھی جب کوئی عالم تلاش روزگار میں اس کے پاس آتا تھا تو وہ اس سے

---

[1] تاریخ شیر شاہی۔ عباس سروانی

"حاشیہ ہندیہ" کے بارے میں ضرور بات چیت کرتا تھا۔ یہ کتاب اسے بہت پسند تھی۔ بادشاہ بن جانے کے بعد بھی تاریخ اور شاہانِ قدیم کے حالات کے بارے میں اس کی دل چسپی برقرار رہی۔ جب بھی کوئی شخص کسی خاص کتاب کی تعریف کرتا تو وہ اس کتاب کو منگوا کر غور سے پڑھتا تھا۔ بڑا ہونے پر اپنی سلطنت کی توسیع کے لیے جنگ میں مشغول ہونا یا مُلک کے انتظام کے بارے میں منصوبہ بندی نے، کتابوں سے دل چسپی اور ان کے مطالعے کے ذوق کو کم نہ ہونے دیا۔ کتابوں میں تحریر شدہ باتوں سے وہ اپنی عام زندگی میں فائدہ اٹھانے کی کامیاب کوشش کرتا، اسی لیے وہ قدیم جنگجوؤں اور فاتحین کی کہانیاں خاص طور سے زیرِ مطالعہ رکھتا تھا۔ جناب کالکارنجن قانون گو نے شیر شاہ (فرید خاں) کی علمی دلچسپیوں کا تذکرہ کرتے ہوئے لکھا ہے۔ "بچپن میں ادب کے مطالعے نے اسے اُس فوجی زندگی کی راہ میں ممتاز کر دیا جس پر چل کر شیواجی، حیدر علی اور رنجیت سنگھ جیسے اَن پڑھ بہادر اور عام انسان معمولی سطح سے اونچے اُٹھ کر شہنشاہ بننے کی سعادت حاصل کر لیتے ہیں۔ ہندوستان کی تاریخ میں ہمیں دوسرا کوئی ایسا شخص نہیں ملتا جو اپنی ابتدائی زندگی میں غیر فوجی ہوتے ہوئے کسی حکومت کی بنیاد رکھنے کے قابل ہوا ہو۔"

حکومت

اس صورت حال کو مدِ نظر رکھنا ضروری ہے جس میں فریدخاں کو پہلے پہل انتظامیہ اور توسیع حکومت کے سلسلے میں اپنے منصوبوں اور قوت ارادی کو استعمال کرنے کا موقع حاصل ہوا۔ بچپن سے کتابوں سے لگاؤ اور ابتدائی انتظامی امور کے تجربے نے اسے مستقبل میں پورے ہندوستان کا عظیم حکمراں بننے کی صلاحیت عطا کردی۔

جمال خاں سے کسی معاملے میں مشورہ کرنے اور احکام حاصل کرنے جب حسن خاں جون پور آیا تو اس کے خیر خواہوں اور دوستوں نے یہ کوشش کی کہ باپ بیٹے کا باہمی تناؤ ختم ہوجائے اور فرید اپنے والد کے ساتھ رہ کر زندگی کو کامیاب بنانے کی سعی کرے۔ ان دوستوں نے حسن خاں کو سمجھایا کہ اپنے سب سے بڑے لڑکے کی جانب یہ بے توجہی مناسب نہیں ہے۔ آپ کو چاہیے کہ فرید کو اپنے ساتھ لے جائیں اور دو پرگنوں کی تمام تر ذمہ داری اسے سونپ دیں۔ حسن خاں کے دوستوں نے اسے یہ بھی سمجھایا کہ ایک کنیز کی باتوں میں آکر فرید کے حق میں آپ کا یہ سلوک بالکل بے جا ہے۔ انھوں نے یہ بھی جتایا کہ سور نسل نے فرید جیسا لائق، محنتی اور ذہین، کوئی دوسرا شخص پیدا نہیں کیا۔ حسن خاں کے آقا جمال خاں نے بھی اسے سمجھایا کہ فرید جیسے ہونہار اور قابل لڑکے کو نظرانداز کرنا درست نہیں۔ چنانچہ حسن خاں نرم پڑ گیا اور اپنے بہی خواہوں اور بااثر دوستوں کے مشورے کو قبول کرنے پر آمادہ ہوگیا۔

اس دوران اسی طرح کا دباؤ فرید خاں پر بھی ڈالا گیا اور خیر اندیش دوستوں نے اسے سمجھایا کہ جب حسن خاں تمہارے ساتھ حسن سلوک کا برتاؤ کرنے پر آمادہ ہے تو تمہارا بھی فرض ہے ایک فرماں بردار بیٹے کی طرح ہماری بات مان لو۔ فرید خاں نے جواب دیا" میں آپ کے مشورے کے مطابق ہر طرح سے حاضر ہوں لیکن مجھے اندیشہ ہے کہ والد جب اپنی چہیتی بیوی (کنیز) کے پاس

پہنچیں گے تو دوبارہ اس کے اشاروں پر چلیں گے اور جو وہ چاہے گی وہی کریں گے۔" اس کے دوستوں نے یقین دلایا کہ اگر تمہارے والد اپنی بات سے پھر گئے تو ہم ان کی مذمت کریں گے اور تمہارے ساتھ انصاف کریں گے۔

فرید خاں نے اس یقین دہانی کے بعد دو پرگنوں کے انتظام کی ذمہ داری کو قبول کر لیا اور وعدہ کیا کہ وہ حتی المقدور اپنے فرائض منصبی کی ادائیگی میں کوتاہی نہ کرے گا۔ فرید خاں کو اس بات کا اطمینان تھا کہ اسے آزادی سے حکومت کرنے کا موقع مل رہا ہے اور بالآخر اس کے والد کو اس کی بات ماننی پڑی۔ اس موقع کا اس نے پورا پورا فائدہ اٹھانے کی ٹھان لی اور اس پہلی سیڑھی سے چل کر سب سے اونچی چوٹی پر پہنچنے کا دل میں مصمم ارادہ کر لیا۔

دوستوں کے کہنے سننے سے باپ بیٹے میں صلح ہوگئی اور دونوں اپنی اپنی جاگیر کی سلطنت پر چلے گئے۔ حسن خاں نے وعدے کے مطابق دو پرگنوں کے انتظام کی ذمہ داری بیٹے کو سونپنی چاہی مگر فرید خاں نے ایک شرط رکھی اور کہا کہ "ان پرگنوں میں کئی دوسرے فوجیوں، ماتحت افسروں اور ہمارے اپنے رشتے داروں کی جاگیریں بھی شامل ہیں۔ میں چاہتا ہوں اس پورے علاقے کو ایک منظم اور پائدار حکومت دوں اور یہ تبھی ممکن ہوگا جب میں علماء اور دیگر سربراہ شخصیتوں کے مشورے سے ان پرگنوں کا انتظام عدل و انصاف اور خوش انتظامی کی بنیاد پر چلا سکوں۔"

کچھ مورخین نے لکھا ہے کہ فرید خاں نے اپنے یہ خیالات اپنے والد کو ایک خط میں تحریر کئے تھے۔ خط کے الفاظ کچھ اس طرح سے تھے۔ "عدل ہی ملک کی اہم بنیاد اور ترقی کی جڑ ہے۔ ناانصافی بہت خطرناک اور تباہ کن ہوتی ہے۔ یہ حکومت کی بنیادوں کو کمزور کر کے قوم کو برباد کر دیتی ہے مجھے معلوم ہے کہ آپ کے کچھ عزیز جن کو پرگنوں میں زمین ملی ہوئی ہے اور کچھ مقدم (پٹواری۔ سکھ پال) عوام پر ظلم و جبر کر رہے ہیں۔ میں انھیں سمجھانے کی کوشش کروں گا۔ لیکن اگر انھوں نے میری تنبیہہ کی پروا نہ کی تو میں انھیں معقول سزا دوں گا تاکہ انھیں اپنے فرائض منصبی کی ادائیگی کا سبق مل سکے۔ اگر آپ مجھے مکمل اختیارات نہ دیں گے اور میرے انتظامی امور میں مداخلت کرنے سے باز نہ آئیں گے تو میں اپنا فرض ادا نہ کر سکوں گا۔"[1]

حسن خاں کا اپنے بیٹے کی دوراندیشی اور منصف مزاجی سے خوش ہونا فطری امر تھا۔ اسے یہ سمجھنے میں دیر نہ لگی کہ اس کا بڑا بیٹا پرگنوں کا ایسا انتظام کرنا چاہتا ہے جس سے اسے اپنے زیرِ اختیار و انتظام

---

[1] تاریخ شیر شاہی۔ عباس سروانی

علاقہ کی توسیع کرنے کی صلاحیت اور قوت حاصل ہو جائے۔ چنانچہ اس نے جواب دیا: "میں تمہیں فوجیوں سے ان کی جاگیروں چھیننے اور نئی جاگیریں دینے کا مکمل اختیار دیتا ہوں۔ میں یہ بھی وعدہ کرتا ہوں کہ آئندہ میں تمہارے امور و احکام اور علاقے میں دخل اندازی نہ کروں گا۔" اب فرید خاں کو آزادانہ طور پر اپنی انتظامی صلاحیت کا مظاہرہ کرنے کا موقع حاصل ہو گیا۔ زندگی کی جدّوجہد میں اس کی یہ پہلی کامیابی تھی۔

حسن خاں نے اپنے بڑے بیٹے فرید خاں کو جو دو پر گنے سپرد کئے وہ سہسرام اور خواص پور کے نام سے مشہور تھے۔ اس وقت دلّی پر سلطان سکندر لودی کی حکومت تھی۔

جاگیر کا انتظام

فرید کو اپنے والد سے جو دو پرگنے ملے ان کے نام سہسرام اور خواص پور تھے۔ یہ علاقہ اور اس کا حدود اربعہ کیا تھا اور آج کل یہ کہاں مانا جائے گا یہ کہنا مشکل ہے۔ غالباً موجودہ صوبہ بہار کے ضلع شاہ آباد میں یہ علاقہ شامل ہے۔ ابوالفضل نے اسے رُوہتاس سرکار کہا ہے۔ انگریز مورخ رینل نے ۱۷۷۵ء کے نقشے میں اس علاقے کو ضلع شاہ آباد کے روہتاس علاقے میں پھیلا ہوا دکھایا ہے۔ یہ علاقہ اس وقت جنوبی بہار کا سرحدی خط تھا اور اس وجہ سے اس کی فوجی اہمیت بھی بہت زیادہ تھی۔ اس کے شمال میں رُوہتاس کی پہاڑیاں دور تک پھیلی ہوئی تھیں جن میں اس وقت ایک غیر آریائی فرقہ کے نیم آزاد لوگ آباد تھے۔ اس سے آگے ایک خود مختار ہندو حکومت تھی۔ مشرق میں سون ندی بہتی تھی۔ مغرب میں چاند نامی پرگنہ تھا جو محمد خاں سور کے زیر اثر تھا اور جو بعد میں فرید کا دشمن ہو گیا تھا۔ شمال میں ایک طرف ہری ہر گنج تھا اور دوسری سمت رُوہتاس کی سرحد تھی۔ انگریزی دور کے سروے ریکارڈز کے مطابق فرید کے زیر انتظام دو پرگنوں میں موجودہ برونگ' سہسرام اور تلوتھو کا پورا علاقہ شامل تھا۔

یہ علاقہ اس وقت بڑا بیہڑ اور کٹھن مانا جاتا تھا اور اسے قابو میں کر کے قانون اور دستور العمل نافذ کرنا بڑی ٹیڑھی کھیر تھی۔ مسلمانوں نے بہار کے "چیر" اور "سادر" نامی غیر آریائی قبیلوں کے ماتحت زرخیز میدان میں آباد "پرمار" راجپوتوں' جو موجودہ بھوجپوری راجپوتوں کے آباء واجداد کہے جاتے ہیں، کو نکال کر خود قبضہ جما لیا تھا۔ پرگنہ کے شمالی حصے میں متوسط طبقہ کے ہندو کاشت کاروں کی بستی تھی۔ ان میں راج پوت اور امیروں کی اکثریت تھی۔ چاروں سمت گھنے جنگل پھیلے ہوئے تھے' جن میں چور' ڈاکو اور باغی زمیندار پناہ لیتے تھے اور قانون کے خلاف ورزی کرتے رہتے تھے۔ فرید کو یہ پرگنے اس امید کے ساتھ دیے گئے تھے کہ وہ یہاں کے باشندوں کو قابو میں لا سکے گا۔ ہر طرف بد امنی اور بد انتظامی اور خوف و ہراس تھا

جس وقت فرید خاں کو یہ مشکل کام سونپا گیا اس وقت پورا شمالی ہندوستان بدامنی، بے چینی اور انتشار کا شکار تھا۔ ذرا ذرا سی بات پر بغاوت کرنا عوام کے لیے کھیل بن چکا تھا۔ اسی طرح معمولی سے معمولی بنا پر حکام ظلم و جبر سے اپنی بات منواتے تھے۔ بغاوت روزمرّہ کا معمول بن گئی تھی۔ چھوٹے جاگیرداروں کی حالت بے حد خراب تھی اور فوجی جاگیرداروں کا حال ان سے بھی بدتر تھا۔ کاشت کاروں کے لیے فوجیوں سے اپنا تحفظ کرنا ایک مشکل مسئلہ تھا۔ انھیں بیگار بھی کرنی پڑتی تھی اور فوج کو مفت اناج بھی مہیا کرنا ہوتا تھا۔ اپنی عورتوں کی عزت آبرو بچانے کے لیے انھیں فوجیوں سے طرح طرح کے بہلانے گھڑنا پڑتے تھے۔ لالچ دینا پڑتا تھا اور ساتھ ہی طرح طرح کے تحفے بھی پیش کرنے ہوتے تھے۔ کاشت کار ان مظالم کے خلاف کس سے شکایت بھی نہیں کر سکتے تھے کیوں کہ ان کی فریاد سننے والا وہاں تھا بھی کون؟۔
جاگیرداروں اور زمین داروں کی خیریت اسی میں تھی کہ عاملوں اور مقدّموں کے ایسے مظالم کی طرف سے اپنی آنکھیں بند کرلیں اور کسانوں کی کسی شکایت پر کان نہ دھریں۔ کسان لگان ادا کرنے کے باوجود اپنی جان و مال اور عزت آبرو کی طرف سے محفوظ اور مطمئن نہیں تھا۔ ہندو رعایا اور بھی مصیبت زدہ تھی۔ ان کے حق میں تو ذرا بھی رعایت یا رحم نہیں کیا جاتا تھا۔ کاشت کاروں اور کھیت مزدوروں میں ہندوؤں کی تعداد زیادہ تھی۔ ان کسانوں کا تقابل، بھیڑوں کے اس گلّے سے کیا جا سکتا تھا جس کا کوئی رکھوالا نہ ہو جو انھیں بھیڑیوں سے بچا سکے۔

ایسے کاشت کاروں پر ظلم توڑنے والے کچھ ہندو بھی تھے۔ یہ ہندو وہ مقدّم اور پٹواری تھے جو جاگیرداروں اور کسانوں کے درمیان کڑی کا کام دیتے تھے اور دونوں کو اپنے فریب سے لوٹتے رہتے تھے۔ یہ لوگ جاگیرداروں کو یہ تک علم نہ ہونے دیتے تھے کہ دراصل ان کی جاگیر کتنی بڑی ہے اور اس کی کل پیداوار اور آمدنی کتنی ہے۔ یہ ساری باتیں ان سے خفیہ رکھی جاتی تھیں۔ چنانچہ جاگیردار ان کے بہکاوے اور فریب میں آکر ہر ایک گاؤں سے حاصل ہونے والے لگان کی ایک مخصوص رقم مقرر کر دیتے تھے اور مقدّم اور پٹواری اس کی بنیاد پر کاشت کاروں سے طرح طرح کے ٹیکس وصول کرتے رہتے تھے۔
جاگیردار کو قطعی علم نہ ہوتا تھا کہ کس مد میں کتنی آمدنی وصول ہوتی ہے۔ اس طرح ان بے سہارا اور مظلوم کاشت کاروں میں سے جو ذرا بھی نڈر اور دبنگ ہوتے تھے وہ لوٹ مار کا پیشہ اختیار کر لیتے اور پھر اپنے ہی بھائی بند کسانوں کو ستاتے تھے۔ باقی کسان خاموشی سے ظلم و تشدد برداشت کرنے پر مجبور تھے۔
بہت سے کاشت کار اپنے گھر، کھیت اور گاؤں چھوڑ کر دوسرے علاقوں میں ایسے جاگیرداروں کی پناہ میں چلے جاتے تھے جن پر انھیں اپنے تحفظ کی امیدیں ہوتی تھی۔ ان حالات میں زراعت کا پیشہ بہت تکلیف دہ

پیشہ تھا۔ چنانچہ زرعی زمینوں کا رقبہ چھوٹا ہوتا جا رہا تھا اور گھنے جنگل بڑھتے جا رہے تھے۔

فرید کو جب یہ پرگنے ملے تو اس نے وہاں کے حالات کو ٹھیک کرنے کا منصوبہ بنایا۔ اس نے کاشت کاری کے طریقے، لگان کی شرح اور وصولی کا انتظام وغیرہ، مکمل طور پر تبدیل کرنے کا ارادہ کر لیا۔ اور ان کی اصلاحات کے لئے کئی قانون بنائے۔ اس طرح اس نے آج سے چار سو سال قبل، سولہویں صدی میں، زراعت کو ملک کے اقتصادی نظام کی بنیاد ٹھہرایا اور اعلان کیا: "کسان ہی ملک کی خوشحالی کا سرچشمہ ہیں۔" اس نے اچھی طرح سمجھ لیا تھا کہ پرگنوں کی حالت درست کرنے اور انھیں مضبوط بنانے کے لیے سب سے پہلے کاشت کاروں کی حالت سنوارنی پڑے گی۔ کسانوں کی کثرت تعداد کو اس نے ترقی کے لئے ضمانت تصور کیا اور کہا کہ کسانوں کی کثیر تعداد کی محنت کو طاقت میں بدلا جا سکتا ہے۔ حقیقی صورت حال اس وقت بھی یہی تھی اور آج بھی یہی ہے کہ کسان ہی ملک کی طاقت بڑھانے کا بنیادی ذریعہ ہیں۔ فرید نے یہی بات کہی تھی۔ "کسانوں سے ہی خوشحالی آئے گی۔ میں جانتا ہوں کہ کاشت کاری کا انحصار غریب کسانوں پر ہے۔ اگر ان کی حالت خراب رہے گی تو وہ کچھ بھی پیدا نہیں کر سکیں گے اور اگر وہ خوش حال ہوں گے تو زیادہ پیداوار ہو سکے گی۔"[1]

جاگیر پر پہنچنے کے بعد فرید نے مقدموں (مکھیاؤں)، پٹواریوں اور کاشت کاروں کو اپنے دربار میں حاضر ہونے کا حکم دیا۔ اس نے فوجیوں کو بھی بلایا اور اس عام جلسے میں اپنا مقصد اور پروگرام بتلاتے ہوئے کہا: "میرے والد نے ان پرگنوں کے فوجیوں اور عمال کی برطرفی اور تقرری کا پورا اختیار مجھے دیدیا ہے۔ میں نے عہد کیا ہے کہ ان علاقوں کے انتظام کو درست کروں گا۔ اس میں تم سب کی بھلائی اور بہبودی بھی شامل ہے۔ میں یہاں کا انتظام درست کرکے نیک نامی حاصل کرنے کا متمنی ہوں۔ اس نے فوجیوں کو بھی مناسب الفاظ میں آگاہ کیا اور ان کی حوصلہ افزائی کرتے ہوئے کہا: "آج سے میرا حکم ہے کہ اپنی زمینوں کا لگان تم جنس کی صورت میں یا نقدی میں، جیسی تمہاری مرضی ہو ادا کر سکتے ہو۔ تم کو چاہئے کہ وہ طریقہ اپناؤ جو تمہارے لیے مفید اور مناسب ہو۔"[2]

فرید نے اپنے ملازموں سے کہا کہ "میں جانتا ہوں کہ لگان وصول کرنے وقت تم لوگ کسانوں پر کتنا ظلم کرتے ہو۔ اس لیے میں نے جریبانہ، اور محصلانہ، ٹیکس معین کر دیے ہیں۔ اگر تم ان مقررہ

---

[1] تاریخ شیر شاہی۔ عباس سروانی

[2] ایضاً ——————

ٹیکسوں سے زائد لگان کسانوں سے وصول کرو گے تو وہ رقم تمہارے حساب میں سے کاٹ لی جائے گی۔ یہ بھی یاد رکھو کہ لگان کی وصول یابی کا حساب میں خود اپنے سامنے لیا کروں گا۔ میں کاشت کاروں سے صرف مقررہ ٹیکس ہی وصول کرواؤں گا اور اس کا خیال رکھوں گا کہ ربیع اور خریف کے لگان مناسب وقت پر ہی وصول ہو جائیں کیوں کہ کاشت کاروں پر لگان باقی چھوڑ دینے سے پرگنہ کے انتظامی امور میں خلل پڑ سکتا ہے اور اسی باعث سرکاری کارندوں اور کاشت کاروں میں جھگڑے ہوتے ہیں۔ حاکم کا فرض ہے کہ لگان مقرر کرتے وقت اصل پیداوار کو مدّ نظر رکھتے ہوئے لگان کی رقم مقرر کرے لیکن اس کی وصولی کے وقت سختی سے کام لیتے ہوئے پورا لگان وصول کرے تو حاکم کو ایسی سختی کا سلوک کرنا چاہیے کہ اس سے دوسروں کو بھی عبرت حاصل ہو۔"[1]

فرید نے کسانوں سے کہا: "آپ لوگوں کو جو بھی تکلیف ہو مجھ سے آکر کہیے کیوں کہ آپ پر ظلم کرنے والوں کو میں کبھی معاف نہ کروں گا۔" اس کے بعد اس نے اپنے کارندوں سے مخاطب ہو کر کہا "دراصل کاشت کار ہی پرگنہ کے استحکام اور خوش حالی کا سرچشمہ ہیں۔ آج میں نے انھیں ہر طرح سے خوش اور مطمئن کر کے واپس بھیج دیا ہے۔ میں ان کی فلاح و بہبود اور ان کے حقوق کا ہمیشہ خیال رکھوں گا تاکہ انھیں کسی طرح کے ظلم و تکالیف کا سامنا کرنا پڑے۔ کیوں کہ اگر کوئی عامل بے سہارا اور مظلوم کسانوں کو ظالم کارندوں سے نہیں بچا سکتا تو اسے ان سے لگان وصول کرنے کا بھی کوئی حق حاصل نہیں ہے۔ میں نے سنا ہے کہ ان پرگنوں میں کچھ ایسے باغی اور ظالم زمیندار بھی ہیں جو کاشت کاروں پر طرح طرح کا جبر و تشدد کرتے ہیں اور پرگنہ کے افسروں کے احکام کی خلاف ورزی کرتے ہیں اور بلانے پر سامنے پیش بھی نہیں ہوتے۔" فرید نے اپنے کارندوں سے مشورہ کیا کہ ایسے لوگوں کو قابو میں لانے کے لیے کیا تدابیر اختیار کی جائیں۔ انھوں نے بتایا کہ فی الحال زیادہ تر سپاہی، جاگیردار میاں حسن کے پاس ہیں۔ انھیں یہاں بلا لیجیے۔ ان کے آجانے پر ہم ان باغیوں پر حملہ کر دیں گے۔

فرید نے اپنے باپ کے سرداروں کو احکامات ارسال کیے کہ آپ دو سو سوار تیار کریں اور پرگنے میں جتنے سپاہی بھی مل سکیں انھیں اکٹھا کر لیں۔ اس کے بعد اس نے ان تمام افغانوں کو بلایا جن کے پاس زمینیں نہیں تھیں۔ اور ان سے کہا کہ میاں حسن کے فوجیوں کے آنے تک میں تم لوگوں کے نان نفقہ کا ذمہ دار ہوں۔ تم لوگ باغیوں کو قابو کرنے میں میری امداد کرو۔ ان سے جو کچھ تم لوٹ سکو گے وہ تمہارا

---

[1] تاریخ شیر شاہی ۔ عباس سروانی

ہو گا۔ گھوڑے میں خود تم کو مہیا کروں گا لیکن تم سے جو زیادہ بہادر اور حوصلہ مند ثابت ہو گا اس کے لیے میں اپنے والد سے جاگیر حاصل کرنے کا وعدہ بھی کرتا ہوں[1]۔" فرید خاں کی یقین دہانی پر افغان نوکروں کو اعتماد ہو گیا اور انھوں نے اپنی بھرپور مدد کا یقین دلایا۔ فرید نے انھیں تحفے تحائف دے کر خوش رکھنے کی سعی کی۔ اس نے کسانوں سے عارضیتاً گھوڑے مہیا کرنے کے لئے کہا اور انھیں یقین دلایا کہ باغی زمینداروں کی سرکوبی کرنے کے بعد ان کے گھوڑے واپس کر دیے جائیں گے۔ کاشت کاروں نے گھوڑے بخوشی فراہم کر دیے۔ افغان فوجیوں اور گھوڑوں کی مدد سے اس نے باغیوں پر حملہ کر دیا۔ ان کے گاؤں لوٹ کر باغیوں کی عورتیں، بچے اور جانور فوجیوں میں تقسیم کر دیے اور باغیوں کے سرداروں کو پیغام بھیجا: "اگر اب بھی میری حکم عدولی کرو گے تو تمہیں سخت سے سخت سزا دوں گا۔ تم جس گاؤں میں بھی جاؤ گے وہاں کے مقدم تمہیں میرے سپرد کر دیں گے اور اگر وہ ایسا نہ کریں گے تو میں ان پر حملہ کر دوں گا۔" اس تنبیہ سے خوف زدہ ہو کر باغی سرداروں کے سربراہوں نے کہلوایا: "اگر ہمارے پچھلے جرائم بخش دیے جائیں تو ہم ہتھیار ڈالنے کے لیے آمادہ ہیں اور مستقبل میں ہر طرح آپ کے تابعدار رہیں گے۔" فرید خاں نے منہ مانگی ضمانت لے کر باغیوں کی یقین دہانی کو منظور کر لیا۔ انھوں نے لگان کا بقایا سرکاری خزانے میں جمع کر دیا اور ضمانت دے کر اپنے بیوی بچوں کو آزاد کروالیا۔

اس کے بعد بھی جو باغی بچ گئے، فرید خاں نے کاشت کاروں کی مدد سے ان پر حملہ کر دیا۔ ان کے علاقے سے ایک کوس (۳½ کلومیٹر) کی دوری پر رک کر اس نے خندق کھودنے، مورچہ بندی کرنے اور نزدیک کے جنگلات کو کاٹ دینے کا حکم دیا۔

اس محاصرے سے باغی حواس باختہ ہو گئے اور انھوں نے فرید سے معافی کی درخواست کی مگر فرید نے ان سے صلح کرنا قبول نہیں کیا اور اپنے ساتھیوں سے کہا: "عموماً باغیوں کا رویہ ایسا ہی ہوتا ہے۔ پہلے تو وہ حکم سے بغاوت اور جنگ کرنے کی کوشش کرتے ہیں۔ اگر حاکم کمزور ہو تو یہ جنگ جاری رکھتے ہیں لیکن اگر حاکم طاقت ور اور بالادست ہو تو دھوکے فریب اور چال بازی سے عاجزی ظاہر کرتے ہیں اور مال و زر دے کر اسے خوش کرنا چاہتے ہیں تاکہ وہ ان کی طرف سے مطمئن ہو کر واپس چلا جائے۔ لیکن وہ اس کے جاتے ہی موقع پا کر دوبارہ بغاوت کا علم بلند کر دیتے ہیں۔"

دوسرے دن علی الصبح فرید نے اعلانِ جنگ کر دیا اور حملہ کر کے تمام باغیوں کو موت کے گھاٹ اتار دیا

---

[1] تاریخ شیر شاہی۔ عباس سروانی

اور اُن کے گاؤوں میں اپنے وفادار ساتھیوں کو بلا کر بسا دیا۔ اس سخت سزا کا اثر بچے کھچے باغی سرداروں پر فوری ہوا اور انھوں نے ہتھیار ڈال دیے۔ اپنے جرائم سے توبہ کی اور چوری، رہزنی اور ڈکیتی کا پیشہ چھوڑ دیا۔

فرید کے اس اقدام اور انتظامیہ کی اصلاح کا یہ فائدہ ہوا کہ ان پرگنوں کے کاشت کار بخوف ہو کر زیادہ سے زیادہ پیداوار کرنے میں جٹ گئے۔ یہی نہیں بلکہ کسانوں کو یہ بھی احساس ہوا کہ امن و اماں قائم رکھنے اور حکومت کا نظم و نسق چلانے میں وہ بھی برابر کے حصہ دار اور مددگار ہیں۔ ان کاشت کاروں میں سے کچھ نے زمین کی پیمائش کے مطابق (جریبانہ) نقد لگان دینے کی خواہش کی اور کچھ نے (محصلانہ) فصل میں سے حصہ دینا منظور کیا۔ فرید نے لگان کی وصولی کرنے والے ملازمین کی تنخواہ اور روزانہ بھتہ بھی مقرر کر دیا۔

اس نئے انتظام سے مقدموں اور پٹواریوں کو انفرادی طور پر سخت نقصان پہنچا۔ ان کے ظلم ختم ہو گئے اور جاگیردار اور رعیت کے درمیان براہ راست رابطہ قائم ہو گیا اور دونوں ایک دوسرے کی مدد اور بھروسے پر اعتماد کر کے فائدہ حاصل کرنے لگے۔ کاشت کاروں اور فوجیوں کو اپنی شکایتیں خود حاضر ہو کر عرض کرنے کا موقع مل گیا۔ فرید ان شکایتوں پر نہایت احتیاط سے غور کر کے اور خوب چھان بین کے بعد انھیں رفع کرنے کی کوشش کرتا تھا۔ اس نے اپنے فرائض کی ادائیگی میں کبھی کوتاہی نہیں کی۔

ایک طرف تشدد پسند باغیوں کو کچلنا اور انھیں جڑ سے اکھاڑ پھینکنا اور دوسری طرف کسانوں کی شکایات اور تکالیف کو دور کرنا اس طرح فرید نے جلد ہی پرگنوں کا انتظام نہایت عمدہ کر دیا اور دونوں پرگنے ترقی کی راہ پر آ گئے۔

جب میاں حسن کو فرید کی کامیابی کی اطلاع ملی تو وہ بہت خوش ہوا۔ اسے جہاں کہیں موقع ملتا اپنے درباریوں اور دوستوں میں اپنے بیٹے کی بہادری اور کامیابی کے قصے بیان کرتا کہ کس طرح اس نے باغی اور زمینداروں کو کچل کر پرگنوں میں مستحکم اور پائدار انتظام قائم کر دیا ہے۔ فرید کی لیاقت اور کارکردگی کی شہرت سارے بہار میں پھیل گئی۔ بہار کے سبھی افغان سردار اس کے مداح تھے۔ فرید کے دوست اور ساتھی بھی اس کی کامیابی سے نہایت خوش تھے مگر اب بھی سلیمان کی ماں جیسے لالچی دشمن اس کی تاک میں اور اس کے زوال کے منتظر تھے۔

کچھ مدت گزر جانے پر جب میاں حسن، جمال خاں کے دربار سے اپنے پرگنہ سہسرام واپس لوٹے تو تمام ماتحت افسران اور فوجیوں نے بیک آواز کامیابی کا سہرا فرید کے سر باندھا اور میاں حسن سے

اس کی بے حد تعریفیں کیں۔ حسن خاں نے خود بھی دیکھا کہ پرگنوں کا انتظام بہت بہتر ہو گیا ہے اور سرکاری خزانہ بھرا ہوا ہے تو وہ نہایت خوش ہوا اور فرید کی جانب سے جو خوف اور کدورت اس کے دل میں تھی وہ زائل ہو گئی۔ اس نے فرید اور اس کے حقیقی بھائی نظام کو بیش قیمت تحائف دیے اور دربار میں ان کو عزت اور توقیر بخشی۔ ساتھ ہی یہ بھی کہا: "اب میں بوڑھا ہو چکا ہوں۔ اب مجھ میں نہ جاگیر کا انتظام کرنے کی ہمت ہے اور نہ فوجیوں کو قابو میں رکھنے کی طاقت۔ اس لیے بہتر ہوگا کہ میری زندگی میں ہی تم دونوں بھائی ان پرگنوں کی ذمہ داری اپنے سر لے لو اور ان کی دیکھ بھال کرتے رہو۔"

لیکن یہ بات سلیمان کی ماں کو کس طرح پسند ہو سکتی تھی؟ سلیمان اور اس کی ماں نے حسن خاں کے سامنے وہ تمام دولت پیش کی جو فرید نے سلیمان کی بہن کی شادی کے سلسلے میں دی تھی اور کہا کہ دیکھیے فرید نے کس طرح جور و ظلم کر کے یہ دولت جمع کی ہے اور اسے ادھر ادھر چھپا کر رکھتا ہے۔ غرض وہ اسی طرح روز میاں حسن کے کان بھرتے رہے۔ پھر بھی اس نے ان کی شکایتوں پر کوئی توجہ نہ دی بلکہ کہا کہ صرف تم دونوں ہی اس کی شکایت کرتے رہتے ہو ورنہ جاگیر میں دوسرا کوئی شخص، چاہے وہ فوجی ہو یا سردار، کوئی بھی اس کے خلاف ایک لفظ نہیں کہتا۔ میں فرید کی لیاقت اور کارکردگی سے بے حد خوش اور مطمئن ہوں۔ اس لیے میرے دونوں پرگنوں کا انتظام بہت عمدہ کر دیا ہے اور آمدنی میں بھی بہت اضافہ کر دیا ہے۔

جب یہ حربہ بے کار گیا تو سلیمان اور اس کی ماں نے دوسری چال چلی یہ وہی کنیز بیگم تھی جسے حسن خاں بے حد چاہتا تھا اور جس کی وجہ سے فرید کی والدہ سے ترکِ تعلق کر لیا تھا۔ اس عورت نے حسن خاں سے بول چال بند کر دی اور ملنا جلنا چھوڑ دیا۔ حسن خاں جو اس کا گرویدہ تھا، اس کے دیدار اور محبت سے محروم ہو جانے کے بعد سخت رنجیدہ اور مایوس ہوا۔ ادھیڑ عمر کے حسن خاں کو اپنی چہیتی اور محبوب کنیز کی جدائی سانپ بن کر ڈسنے لگی۔ بالآخر اس نے بلوا کر اس سے بے رخی کی وجہ دریافت کی۔ سلیمان کی ماں تو اسی تاک میں تھی۔ اس نے رو رو کر کہا، "آپ کی محبت کی وجہ سے خاندان والے مجھ سے رشک و حسد کرتے ہیں حالاں کہ میں نے کبھی کسی کے ساتھ برا سلوک نہیں کیا۔ فرید آپ کا سب سے بڑا بیٹا ہے۔ آپ کے بعد وہی آپ کی جاگیر اور املاک کا وارث ہوگا۔ آپ خود ہی سوچیے کہ آپ کے بعد ہماری کیا درگت ہوگی۔ اگر آپ کے دل میں ہمارے لئے ذرا سی بھی محبت اور ہمدردی ہے تو یہ دونوں پرگنے ہمارے لڑکوں کو دے کر انھیں عزت و توقیر بخشئے اور اگر آپ میری یہ خواہش پوری کرنے سے قاصر ہیں تو بہتر ہے میں آپ کے سامنے ہی اپنے دونوں بیٹوں کو قتل کر ڈالوں۔" یہ حربہ کام کر گیا۔ حسن خاں پھر سے اپنے بڑے بیٹے فرید خاں اور نظام خاں سے کشیدہ رہنے لگا وہ سلیمان اور اس کے بھائی کو ان کی جگہ مقرر کرنے کے

بارے میں غور و فکر میں مشغول ہوگیا۔ سلیمان کی ماں نے اس سے حلف لے لیا تھا کہ وہ فرید خاں کو برطرف کر دے گا۔

حسن خاں جب اپنے وعدے کو عملی جامہ پہنانے کے لیے فکرمند تھا تو فرید کو ان تمام حالات کا علم ہوگیا۔ اس نے باپ سے کہا: "آپ میرے حاسدوں کی باتوں میں آکر مجھے پریشان اور بے عزت کر رہے ہیں۔ آپ مجھ پر لگائے گئے الزامات کی باقاعدہ تحقیق کیوں نہیں کروا لیتے؟" لیکن حسن خاں کو یہ منظور نہ تھا۔ چنانچہ باپ بیٹے میں ان بن ہوگئی۔ دونوں میں اکثر جھڑپ ہونے لگی اور آہستہ آہستہ نفرت کی خلیج بڑھتی ہی گئی۔

لیکن پھر بھی ایک بات کی تعریف کرنی چاہیے۔ حسن خاں نے فرید کو صاف صاف بتا دیا تھا: "میں چند وجوہ کی بنا پر مجبور ہوگیا ہوں۔ میں جانتا ہوں کہ سلیمان اور اس کا بھائی نالائق ہیں اور تمہارا ان سے کوئی مقابلہ نہیں ہے لیکن دن رات کی پریشانی اور جھگڑے سے بچنے کے لیے یہ ضروری ہوگیا ہے کہ کچھ عرصے کے لیے دونوں پرگنوں کا انتظام انھیں سونپ دوں۔" فرید خاں نے باپ کی اس قابل رحم حالت سے واقف ہونے کے بعد اعلان کر دیا: "یہ دونوں پرگنے میرے والد کی جائداد ہیں اور وہ جسے چاہیں اپنی مرضی کے مطابق ان کا حاکم مقرر کر سکتے ہیں۔"[1] چنانچہ مصالحت کی ساری کوششیں ناکام رہیں اور دوست ناامید ہو کر بیٹھ رہے۔

---

[1] تاریخ شیر شاہی۔ عباس سروانی

خود اعتماد زندگی کا آغاز

اپنی عزت نفس کے تحفظ کی خاطر فرید اپنی مرضی سے پرگنوں کے انتظامی امور سے سبکدوش ہوگیا اور خود اعتماد زندگی کی نئی راہوں پر چل پڑا۔ اس نے آگرے کا رُخ کیا۔ اس نے ہرگز یہ کوشش نہیں کی کہ پرگنوں کے سرداروں، فوجیوں اور زمینداروں کی مدد سے وہاں اپنی حکومت برقرار رکھے۔ اُس نے پختہ ارادہ کرلیا کہ اب وہ آزادی سے کام کرے گا۔ اس نے دل ہی دل میں مناسب اور معقول وقت پر سہسرام کے پرگنوں کو دوبارہ حاصل کرنے کی بھی ٹھان لی۔

باپ سے کسی طرح کی بھی ہمدردی اور تعاون کی امید چھوڑ کر اور اپنے عزیزوں اور دوستوں سے رخصت ہو کر فرید کان پور کے راستے آگرے کی طرف روانہ ہوا۔ ان دنوں کان پور کا پرگنہ اعظم ہمایوں سروانی کی جاگیر میں شامل تھا۔ اس جاگیر میں کافی تعداد میں فوجی موجود تھے۔ کئی سروانی سردار اس پرگنہ کے آس پاس بسے ہوئے تھے۔ کان پور میں میاں حسن کے بعض سروانی رشتہ داروں نے فرید کی بہت خاطر مدارات کی۔ ان سروانیوں میں ایک شخص اسمٰعیل سور بھی تھا۔ فرید کے کہنے پر اسمٰعیل اس کے ساتھ آگرہ چلنے پر رضامند ہوگیا۔

اس سفر میں فرید کے ساتھ اس کا بھائی نظام بھی تھا۔ اس زمانے میں شمالی ہندوستان کا سیاسی مرکز آگرہ تھا۔ سلطان سکندر لودی کے زمانے سے اس شہر نے دارالحکومت کی شکل اختیار کرلی تھی۔ اس کا بیٹا سلطان ابراہیم لودی ۱۵۱۷ء تخت نشین ہوا۔ فرید نے آگرہ پہنچ کر ابراہیم لودی کے خاص مشیر اور با اثر امیر دولت خاں کی ملازمت اختیار کرلی۔ دولت خاں فرید کی لیاقت اور قابلیت سے بے حد متاثر اور خوش ہوا۔ اسی دوران فرید کے والد حسن خاں کا انتقال ہوگیا۔

دولت خاں نے سلطان ابراہیم لودی سے سفارش کی کہ میاں حسن کی جاگیر اس کے بڑے فرزند فرید کے نام واگذار کردی جائے۔ سلطان نے یہ درخواست منظور کرلی۔ ۱۵۲۰ء میں شاہی فرمان لے کر فرید واپس سہسرام واپس لوٹا۔ اس کے رشتہ داروں، کاشت کاروں، سپاہیوں اور عوام میں مسرت

کی لہر دوڑ گئی۔ فرید کا سوتیلا بھائی سلیمان، پرگنہ چوند کے گورنر محمد خاں سور کی پناہ میں چلا گیا۔

محمد خاں سور ایک بے حد طاقت ور افغان حکمران تھا۔ اس کے پاس پندرہ سو۱۵۰۰ سواروں کی باضابط تنخواہ دار فوج موجود تھی۔ اس نے سلیمان سے اس کی مدد کرنے کا وعدہ کر لیا اور فرید کو دھمکی دی "اگر تم نے از خود سہسرام سے دست بر داری اختیار نہ کی تو میں تم پر حملہ کر کے تمہیں بھاگنے پر مجبور کر دوں گا۔"

فرید نے سلطان ابراہیم کے فرمان سے جاگیر حاصل کی تھی مگر اس کی پوری سلطنت اس زمانے میں سخت انتشار کا شکار تھی۔ مشرقی صوبوں کے کئی سرداروں نے بغاوت کر دی تھی۔ ان میں اودھ کے معروف خاں فار مولی، غازی پور کے ناصر خاں لوہانی اور بہار کے دریا خاں لوہانی کے نام خاص طور پر قابلِ ذکر ہیں۔ ان باغیوں کا سردار دریا خاں لوہانی تھا۔ باغیوں نے بہار سے جون پور تک کے وسیع علاقے پر قبضہ کر لیا تھا۔ دریا خاں نے بہار شریف پر قبضہ کر کے وہاں اپنا دارالحکومت قائم کر لیا۔ لیکن چند ماہ بعد ہی اس کا انتقال ہو گیا اور اس کے بیٹے بہار خاں نے اپنی خود مختار حکومت کا اعلان کر دیا۔

فرید خاں کے پرگنے بھی بہار خاں کی سلطنت میں شامل تھے اس لیے اس نے اچھی طرح سمجھ لیا تھا کہ سلطان ابراہیم کے فرمان کی یہاں کوئی وقعت نہ ہوگی چنانچہ ۱۵۲۲ء کے لگ بھگ وہ بہار خاں لوہانی کی پناہ میں چلا گیا۔ اسی اثنا میں سلطان ابراہیم پانی پت کی لڑائی میں شہنشاہ بابر کے ہاتھوں شکست فاش کھا کر ابدی نیند سو چکا تھا اور دلی پر بابر نے شہنشاہ ظہیر الدین بابر کے نام سے خطبہ پڑھ کر اپنی حکومت قائم کر لی تھی۔

فرید خاں، جو فطرتاً وفادار، جاں نثار اور جفاکش انسان تھا، اُسے یہ فیصلہ کرتے دیر نہ لگی کہ بہار خاں لوہانی کی خدمت گذاری میں ہی اس کا فائدہ ہے اور اسی کے باعث اس کے بہتر مستقبل کی تعمیر ہوگی۔ بہار خاں کو بھی جلد ہی معلوم ہو گیا کہ فرید خاں لائق، محنتی، وفادار اور جاں نثار ہونے کے ساتھ ہر لحاظ سے قابلِ اعتماد ہے۔ دونوں کے درمیان قربت بڑھتی گئی اور دوستی مضبوط تر ہوتی گئی۔ اس دوران بہار خاں نے سلطان محمد، کا لقب اختیار کر کے بادشاہ ہونے کا اعلان کر دیا اور بہار کو آزاد صوبہ قرار دے کر اپنا سکہ جاری کر دیا۔

ایک مرتبہ کا ذکر ہے کہ بہار خاں کے ساتھ شیر کے شکار پر فرید بھی ساتھ گیا۔ اچانک شیر کا سامنا ہونے پر فرید خاں نے تلوار کے ایک ہی وار سے شیر کا کام تمام کر دیا۔ بہار خاں اس کی جرأت اور بے خوفی سے اتنا متاثر ہوا کہ اس نے فرید کو شیر خاں کے خطاب سے سرفراز کر کے اسے اپنے بیٹے جلال خاں کا اتالیق اور نگراں مقرر کر دیا۔ فرید خاں نے کافی عرصے تک اس ذمہ داری کو نہایت

لیاقت اور اپنی خداداد قابلیت سے نبھایا اور پھر بہار خاں سے اجازت لے کر اپنے پرگنوں کی دیکھ بھال کے لئے سہسرام چلا گیا۔ سلطان محمد (بہار خاں) اس وقت بکسر کے مقام پر خیمہ زن تھا۔ شہنشاہ بابر کے مشرق کی طرف پیش قدمی کے امکان کو مدنظر رکھتے ہوئے سلطان محمد نے قنوج تک چڑھائی کی لیکن جب اس کے مشیروں نے یقین دلایا کہ چوں کہ برسات شروع ہو چکی ہے اس لئے اس موسم میں بابر ادھر کا رُخ نہ کرے گا تو سلطان محمد ان کی یقین دہانی پر واپس بہار کی طرف لوٹ گیا۔ اسی زمانے میں شیر خاں رخصت لے کر سہسرام گیا تھا اور چند ناگزیر وجوہ کی بنا پر اسے واپسی میں دیر ہو گئی تھی۔ ادھر مغل بڑھتے چلے آرہے تھے اور سلطان محمد کی فوجوں کی حالت ناگفتہ بہ تھی۔ بایزید فارمولی، محمد خاں لوہانی اور کچھ غدار افغان سرداروں نے مغل شاہنشاہ کو چڑھائی کرنے کی دعوت دی تھی۔ چنانچہ ہمایوں کی کمان میں مغل حملہ شروع ہوا اور پانچ ماہ کی قلیل مدت میں قنوج سے بلیا تک کا علاقہ مغلوں نے فتح کر لیا۔ ہمایوں نے محمد کے حامیوں معروف فارمولی اور ناصر خاں لوہانی کو برطرف کر کے اس کے جانی دشمن بایزید فارمولی اور محمد خاں لوہانی کو علی الترتیب اودھ اور غازی پور کا گورنر مقرر کر دیا اور مزید حفاظتی تدابیر اختیار کرتے ہوئے جنید برلاس کو مغل فوج کے ساتھ ان پر حاکم اعلیٰ بنا دیا۔

شیر خاں کی واپسی میں تاخیر کے باعث سلطان محمد کے دل میں اس کے خلاف شکوک و شبہات نے جگہ لے لی۔ اُدھر شیر خاں کے مخالف محمد خاں سور نے موقع پا کر سلطان کے خوب کان بھرے اور شیر خاں کی جاگیر اس کے سوتیلے بھائی سلیمان کو واگذار کرنے کی سفارش کی۔ سلطان نے جاگیر واپس لینا تو منظور نہ کیا لیکن محمد خاں سور کو سلیمان اور شیر خاں کے خاندانی جھگڑے نپٹانے کے لیے ثالث مقرر کر دیا۔ شیر خاں کو یہ بات سخت ناگوار گزری اور اس نے سلطان کو سخت الفاظ میں جواب لکھا۔ محمد خاں نے بگڑ کر شیر خاں پر حملہ کر دیا اور اس نے مجبور ہو کر اپنے چھوٹے بھائی نظام کے مشورے پر مغل حاکم اعلیٰ جنید برلاس کی پناہ لینے کا فیصلہ کیا۔ چنانچہ بنارس پہنچ کر سلطان جنید برلاس کی خدمت میں اپنا سفیر بھیجا اور جب جنید برلاس نے اسے اپنی حفاظت کا کامل یقین دلا دیا تو شیر خاں نے جون پور کا رُخ کیا اور مغل گورنر کی پناہ میں جا پہنچا۔ یہ واقعہ ۱۵۲۷ء کے آغاز کا ہے۔

کنوا کی جنگ (مارچ ۱۵۲۷ء) کے بعد سلطان جنید برلاس نے شہنشاہ بابر سے ملاقات کی خاطر آگرہ کا سفر اختیار کیا۔ اس سفر میں شیر خاں بھی سلطان جنید کے ہمراہ تھا۔ آگرہ پہنچ کر سلطان برلاس نے اپنے بھائی اور مغل شہنشاہ کے سرکردہ وزیر میر خلیفہ سے شیر خاں کی سفارش کی اور اسے بابر کی فوج میں ملازمت دلوادی۔ شیر خاں نے تقریباً سوا سال مغل فوج میں ملازمت کی۔ ۱۵۲۸ء میں

جب بابر نے مشرقی صوبوں پر حملہ کیا تو شیر خاں شہنشاہ کے ہم رکاب تھا۔اس حملہ میں فتح پانے کے بعد بابر نے شیر خاں کو بطورِ انعام اس کی جاگیر واپس عطا کر دی۔

بابر سے تعلق اور اختلاف

شیر خاں کو اپنے پرگنوں کے علاوہ سہسرام سے تینتالیس میل مغرب میں چوند اور دوسرے سرکاری پرگنے بھی حاصل ہوگئے۔ اب شیر خاں نے کئی دوسرے افغان عزیزوں کو جو نزدیکی پہاڑیوں میں چھپے ہوئے تھے، جاگیروں اور دوسرے تحائف کا لالچ دے کر اپنے دربار میں بلایا۔ اپنے علاقے کی فلاح و بہبود کے لیے اس نے انھیں اپنا معاون و مددگار بننے کی دعوت بھی دی اور ہنگامی صورت حال میں اپنی عزت آبرو کی حفاظت کی ضرورت بھی سمجھائی۔ اس مشن میں اُسے کامیابی حاصل ہوئی اور کتنے ہی افغان اس کی ملازمت میں آگئے اور اس کی فوج کی تعداد کافی بڑھ گئی۔ اس نے چوند کے سابق حکمراں محمد خاں سور کو، جو بابر کے حملے کے وقت اپنی جاگیر چھوڑ کر فرار ہوگیا تھا۔ ہم قوم ہونے کا واسطہ دے کر آپس کی مخالفت ختم کرنے کی اہمیت سمجھائی اور اُسے لکھا کہ وہ واپس آکر اپنے پرگنہ کا انتظام سنبھالے۔ اس کا خاطرخواہ نتیجہ نکلا۔ محمد خاں سور نہ صرف واپس آگیا بلکہ اس کا احسان مند بھی ہوا۔ نتیجتاً شیر خاں کا ایک ایسا دشمن اس کا دوست بن گیا جس سے اسے سب سے زیادہ خطرہ لاحق تھا۔ اپنی دانش مندی اور فراست سے شیر خاں نے اپنے جانی دشمن کو زندگی بھر کے لیے اپنا ممنونِ احسان بنالیا تھا۔

مغل دربار میں شیر خاں کی دھاک جمتی گئی۔ وہ نہایت غور و خوض کے ساتھ مغلوں کے فوجی اور شہری انتظام، قوانین اور ان کے کردار کی خصوصیات کے مطالعے میں مصروف ہوگیا۔ لیکن مغلوں کی انتظامی صلاحیت اسے متاثر نہ کرسکی۔ وہ اکثر اپنے افغان ساتھیوں سے کہا کرتا تھا کہ "اگر قسمت نے میرا ساتھ دیا تو میں ایک دن یقیناً ہندوستان سے مغلوں کو نکال باہر کروں گا۔" جب شیخ محمد جیسے لوگوں نے اُسے اس طرح شیخی ہانکنے سے باز رکھنا چاہا تب بھی وہ اس ارادے کا اعلان برملا کرتا رہا اور افغانوں سے باہمی یک جہتی اور اتفاق قائم رکھنے کی اپیل کرتا رہا۔ اس نے افغانوں کو سمجھایا: "مغل دربار میں بدامنی پھیلانے والوں کی بھرمار ہے۔ ان کے کردار میں کوئی خوبی ہے نہ نظم و نسق میں۔ وہ اپنے وزیروں کے مشورے پر آنکھ بند

کر کے عمل کرتے ہیں اور یہ وزیر فوجیوں، کسانوں حتیٰ کہ باغی زمینداروں تک سے رشوت لیتے ہیں۔"
مغلوں کے بارے میں شیر خاں کے یہ خیالات مغل درباریوں کے علم میں تھے۔ (تاریخ شیر شاہی از عباس سروانی)

شاید بابر خود بھی شیر خاں کے سلسلے میں مشتبہ ہوگیا تھا۔ اس نے ایک دن دعوت کا اہتمام کیا جس میں شیر خاں کو مدعو کیا گیا۔ بابر نے دیکھا کہ شیر خاں کے سامنے کھانے کی جو قاب رکھی گئی اُسے کھانے کا طریقہ شیر خاں کو معلوم نہ تھا۔ شیر خاں نے بلا تامل اپنے خنجر سے اس کھانے کے ٹکڑے کیے اور چمچے سے اٹھا کر کھانے لگا۔ یہ منظر دیکھ کر بابر کا ماتھا ٹھنکا اور اس نے اپنے ساتھیوں سے کہا: "شیر خاں کی نقل و حرکت پر نظر رکھو یہ بہت چالاک آدمی معلوم ہوتا ہے اور اس کی پیشانی پر حکومت کے آثار نمایاں ہیں۔ میں نے کتنے ہی افغان سورما دیکھے ہیں لیکن کسی نے مجھے پہلی ہی ملاقات میں اس طرح متاثر نہیں کیا جیسے اس شخص نے کیا ہے۔ بہتر ہے اسے فوراً گرفتار کرلیا جائے۔ اس کے جاہ و جلال کے آثار ہمارے لیے خطرناک ہوسکتے ہیں۔" لیکن اپنے ایک بااثر درباری کے مشورے پر اس نے اپنے اس حکم پر عمل نہیں کروایا۔ شیر خاں اتنا چالاک اور ہوشیار تھا کہ وہ دربار کے ماحول سے بھانپ گیا کہ اس کے خلاف جال پھیلایا جارہا ہے۔ چنانچہ اس نے اپنے خیمہ میں پہنچ کر افغان دوستوں سے کہا: "بابر کی نیت میرے بارے میں ٹھیک نہیں ہے۔ اس لیے میرا یہاں رہنا خطرے کو دعوت دینا ہے۔" چنانچہ وہ گھوڑے پر بیٹھ کر فرار ہوگیا۔ بابر کو جب کچھ عرصے بعد اس کے فرار کی اطلاع ملی تو اس نے اپنے درباریوں سے کہا "تم لوگوں نے اُسے نکل جانے دیا میرا شبہ درست تھا۔" شیر خاں نے اپنی جاگیر پر پہنچ کر بابر کو معذرت کا خط لکھا: "چوں کہ میری جاگیر پر میرے دشمنوں کی نظریں ہیں۔ اسی وجہ سے میں بغیر آپ کی اجازت کے چلا آیا مگر میں اب بھی بادشاہ کا وفادار ہوں۔ اور کسی بھی خدمت کے لیے ہمیشہ تیار ہوں۔"

شیر خاں بہار کے حاکم سلطان محمد کے دربار میں چلا گیا جہاں اس کی خوب آؤ بھگت ہوئی سلطان نے اُسے اپنے نوعمر بیٹے کا اتالیق مقرر کردیا۔ شیر خاں نے نہایت خوش اسلوبی اور قابلیت سے اپنا فریضہ پورا کیا۔

کچھ عرصے بعد سلطان محمد کا انتقال ہوگیا۔ سلطان محمد کی داشتہ دودو کا بیٹا جلال خاں جو شیر خاں کا شاگرد تھا، بہار کا نیا حاکم بنا۔ دودو کے انتقال کے بعد تقریباً ۱۵۲۹ء کے اواخر میں، شیر خاں نے جلال خاں کے نمائندے کے طور پر بہار کے نظم و نسق کی ذمہ داری سنبھالی۔ دودو کی زندگی میں بھی بہار اور آسام کے علاقوں کا انتظام شیر خاں کے ہی سپرد تھا۔ اسی اثنا میں ہزاری پور کے حاکم مخدوم عالم

سے شیر خاں کی دوستی ہو گئی جو بنگال اور گوڑ کے راجا کے دربار میں ایک سردار تھا۔ کچھ عرصہ بعد گوڑ کا راجا مخدوم عالم سے ناراض ہو گیا چوں کہ اس نے راجا کے منصوبوں کی مخالفت کی تھی۔ راجا چاہتا تھا کہ افغانوں سے بہار چھین لیا جائے۔ اس نے مخدوم عالم کی مخالفت کی پروا کیے بغیر اپنے سپہ سالار قطب خاں کو ایک بڑی فوج کے ساتھ بہار پر حملے کے لیے روانہ کر دیا۔ ادھر شیر خاں نے کوشش کی کہ بنگال اور بہار میں جنگ نہ چھڑے لیکن قطب خاں نے ایک نہ سنی۔ چنانچہ شیر خاں نے بھی لڑائی کی تیاری شروع کر دی۔ اس نے اپنے افغان سرداروں کو سمجھایا کہ مغرب سے مغل اور مشرق سے بنگال کے حکمراں افغانوں کو تباہ و برباد کرنا چاہتے ہیں۔ افغان اپنی بہادری اور طاقت کے بل بوتے پر ہی اپنی حفاظت کر سکتے ہیں۔ افغانوں نے ایک آواز ہو کر شیر خاں کا ساتھ دینے کی قسم کھائی۔ ۱۵۳۲ء کے لگ بھگ شیر خاں نے افغانوں کی مدد سے گھمسان جنگ کی اور دشمن کو شکست کا منہ دیکھنا پڑا۔ اس جنگ میں اسمٰعیل خاں نے شیر خاں کی بہت مدد کی تھی چنانچہ شیر خاں نے خوش ہو کر اُسے "شجاعت خاں" کا خطاب عطا کیا۔ جنگ میں لُوٹ سے حاصل کردہ دولت سے شیر خاں کے پاس مال و زر کی کمی نہ رہی۔ اس نے لوہانیوں کو اس میں سے کوئی حصہ نہیں دیا۔ اس عمل سے لوہانیوں میں غصہ پیدا ہونا فطری امر تھا۔ یہ غصہ اندر ہی اندر بھڑک رہا تھا کہ اس دوران ایک نئے فتنہ نے سر اٹھایا۔ بنگال کے راجا کے دل سے یہ شک نہ نکل سکا کہ مخدوم عالم شیر خاں کی مدد کی تھی کیونکہ اس نے افغانوں پر حملہ کرنے کی مخالفت کی تھی۔ اس کے علاوہ اس جنگ میں اس شک کی وجہ سے بنگال کے راجا نے مخدوم عالم پر حملہ کر دیا۔ شیر خاں لوہانیوں کی بغاوت کے باعث اس کے سپہ سالار قطب خاں نے بھی کوئی مدد نہیں کی تھی۔ بذاتِ خود مخدوم عالم کی کمک کو نہ جا سکا بلکہ اس نے میاں حسنو کو ایک فوج دے کر روانہ کر دیا۔ مخدوم عالم نے شیر خاں کو لکھا: "میں جنگ میں پھنسا ہوا ہوں۔ اپنا خزانہ تمہارے پاس بھیج رہا ہوں۔ اگر میں فتح یاب ہو گیا تو تم سے واپس لے لوں گا اور اگر میں ہار گیا تو یہ خزانہ تمہاری ملکیت ہو گا۔ دشمن کے ہاتھ لگنے کی بجائے اس کا تمہارے قبضہ میں رہنا زیادہ بہتر ہو گا۔" مخدوم عالم لڑائی میں مارا گیا اور میاں حسنو واپس آ گئے۔ مخدوم عالم کا خزانہ بھی شیر خاں کی ملکیت میں آ گیا۔

لوہانی یہ جان کر اور بھی جز بز ہوئے اور شیر خاں کی جان کے درپے ہو گئے۔ کہتے ہیں کہ جلال خاں، جو خود بھی لوہانی تھا، اس سازش میں شریک تھا۔ چوں کہ وہ شیر خاں کا آقا تھا اور شیر خاں نے اپنے خلاف لوہانیوں کی سازش سے اُسے آگاہ کر کے اپنی حفاظت اور مدد کی درخواست کی تھی۔ لہٰذا بظاہر وہ (جلال خاں) شیر خاں کی حفاظت کا ڈھونگ رچاتا رہا۔ شیر خاں اس صورت حال سے پورے طور پر واقف تھا چنانچہ اس نے ایک طرف تو لوہانیوں میں باہمی پھوٹ ڈالنے اور دوسری طرف لوہانیوں اور جلال خاں میں اختلاف پیدا کرنے کی کامیاب چال چلی۔ یہ کامیابی اتنی بڑی تھی کہ جلال خاں کو بھی شیر خاں سے خوف زدہ رہنے لگا۔

اس (جلال خاں) نے شیر خاں سے کہا: "میرے لیے تمہاری جاں نثاری اور وفاداری کی وجہ سے لوہانی تم سے جلتے ہیں۔ اللہ تعالیٰ انھیں ضرور اس کی سزا دے گا۔ تم بہار میں رہ کر یہاں کا انتظام دیکھو۔ میں خود فوج لے کر بنگال کے حکمراں پر حملہ کرنے جاتا ہوں۔" شیر خاں جلال خاں سے رخصت لے کر اپنے پرگنوں پر سہسرام پہنچا ہی تھا کہ اُسے اطلاع ملی جلال خاں بہار سے بھاگ کر بنگال کے حاکم کی پناہ میں چلا گیا ہے۔ اس نے یہ بھی سنا کہ بنگال کے حکمراں نے جلال خاں کا استقبال کرتے ہوئے قطب شاہ کے بیٹے ابراہیم کی سربراہی میں ایک فوج اس کی مدد کے لیے تعینات کر دی ہے۔

شیر خاں یہ خبر پا کر نہایت خوش ہوا۔ اس نے نہ صرف تمام بہار پر حکومت کا، بلکہ بنگال پر حملہ کرنے اور اس پر تصرّف حاصل کرنے کے خواب کو حقیقت میں ڈھالنے کا ارادہ کر لیا۔ اتنا ہی نہیں اس نے اس وقت تہیّہ کر لیا کہ مغلوں کو ہندوستان سے باہر نکال کر ہی دم لے گا۔ اس سلسلے میں ایک دل چسپ حکایت ہے کہ شیر خاں اکثر رات کے وقت شہر کے گلی کوچوں میں گھوما کرتا تھا اور سوئے ہوئے درویشوں اور فقیروں کے سرہانے کپڑے اور نقدی رکھ دیا کرتا تھا۔ ایک رات جب وہ اسی طرح ایک درویش کے سرہانے کچھ رکھ رہا تھا تو وہ درویش اچانک بول اٹھا: "اللہ تعالیٰ کا کام دیکھئے کہ اس نے دلی کے بادشاہ کو ہماری مدد کے لیے بھیجا ہے۔" شیر خاں نے درویش کی اس بات کو الہامی اور غیبی مدد اور فرمانِ الٰہی سمجھا۔ اسی دن سے وہ دلی کا شہنشاہ بننے کا خواب دیکھنے لگا۔

اب شیر خاں اپنی فوجی طاقت میں اضافہ کرنے لگا۔ اس نے افغانوں کو بڑی بڑی تنخواہیں اور انعام دے کر اپنی فوج میں بھرتی کیا۔ ایک طاقت ور فوج تیار کر لینے کے بعد بنگال کے سلطان پر حملے کے خیال سے اس نے بہار سے کوچ کیا۔ بہار کی سرحد پر پہنچ کر اس نے مٹی اور پتھر کا حصار بنا کر قلعہ بندی کر لی۔ اُدھر بنگال کے سلطان نے ابراہیم خاں کی کمان میں بہار پر قبضہ کرنے کے لیے کثیر تعداد میں اپنی فوج بھیجی۔ اس کے ساتھ بے شمار خزانہ، ہاتھی اور توپ خانہ بھی تھا۔ بنگال کی فوج کے سپہ سالار کو اپنی فوج اور ساز و سامان پر بے حد ناز تھا۔ اس نے شیر خاں کی ذرا بھی پروا نہ کی۔ شیر خاں روز اپنی قلعہ بندی کے حصار سے نکل کر حملہ کرتا تھا اور ابراہیم کی فوج طاقت ور ہوتے ہوئے بھی اس کا کچھ نہ بگاڑ سکتی تھی۔

اس لڑائی میں، جو شیر خاں کی زندگی کی اوّلین اہم اور بڑی جنگ کہی جاتی ہے، اس نے عجیب و غریب جنگی قابلیت اور ذہانت کا مظاہرہ کیا۔ اس نے قلعہ کے پیچھے کثیر فوج تیار رکھی اور صرف تھوڑے سے سواروں کو آگے بڑھنے دیا۔ بنگال کا سپہ سالار اس فریب میں آ گیا اور اس ٹکڑی کو کل فوج تصور

کر کے اس پر حملہ کر دیا۔ شیر خاں کی فوج نے دکھاوے کے لیے شکست کھا کر بھاگنے کا ڈھونگ رچایا اور قلعہ کا رخ کیا جب بنگال کی فوج پیچھا کرتی ہوئی قلعہ کے نزدیک آپہنچی تو شیر خاں کی بقیہ تازہ دم فوج ایک دم پیچھے سے نکل کر ان پر ٹوٹ پڑی ادھر جو فوج بظاہر شکست کھا کر واپس ہو رہی تھی وہ بھی پلٹ پڑی اور بنگال کے فوجی اس دو طرفہ زور دار حملے کی تاب نہ لا سکے۔ نتیجہ وہی ہوا جس کی شیر خاں کو امید تھی۔ بنگال کی فوج شیر خاں کے سپاہیوں کا پیچھا کرتی ہوئی اتنا آگے بڑھ آئی تھی کہ وہ اپنے توپ خانہ سے رابطہ قائم نہ رکھ سکی۔ اب اس کے سامنے دو ہی راستے تھے۔ جنگ کے میدان سے راہ فرار یا لڑ کے جان دے دینا۔ بنگال کی فوج نے پہلا راستہ اختیار کیا۔ ان کے سپہ سالار ابراہیم نے میدان جنگ میں جام شہادت پیا اور یہ دیکھتے ہی اس کی ساری فوج بھاگ کھڑی ہوئی۔ یہ ۱۵۳۲ء کے اواخر کا واقعہ ہے۔

اس فتح سے شیر خاں کے حوصلے اور طاقت بہت بڑھ گئی۔ دشمن کا تمام خزانہ، توپ خانہ اور بڑی تعداد میں ہاتھی گھوڑے اور دوسرا فوجی سامان اس کے ہاتھ لگا۔ اُسے شہنشاہ ہند بننے کا خواب شرمندۂ تعبیر ہوتا نظر آنے لگا۔ وہ اب بہار اور آسام کے پورے علاقے کا مختار کل تھا۔ اس نے سب سے پہلا قدم یہ اٹھایا اور طے کیا کہ انتظام سخت مگر منصفانہ ہونا چاہیے۔ وہ خود انتظامی امور انجام دیتا تھا۔ اس کے ماتحت رعایا پر ظلم اور ناانصافی نہیں کر سکتے تھے۔ اس نے فوجیوں کو مناسب تنخواہ دینے کا بھی انتظام کیا۔ اس طرح عوام اور فوج دونوں ہی مطمئن ہو گئے۔ یہ فتح تاریخ میں سورج گڑھ کی جنگ کے نام سے مشہور ہے۔ اس کے بعد شیر خاں کی طاقت اور حکومت میں توسیع کی داستان کی ابتدا ہوتی ہے۔

چُنار کے قلعہ کی فتح شیر خاں کی ابتدائی زندگی کی دوسری بڑی فتح کہی جا سکتی ہے۔ اس زمانے میں چُنار کا قلعہ مُلک کے گنے چنے مضبوط ترین قلعوں میں سے ایک مانا جاتا تھا۔ یہ قلعہ شمال سے جنوبی علاقوں پر حملہ آوروں کے لیے کلیدی حیثیت رکھتا تھا۔ شیر خاں نے جس وقت اس قلعہ پر نظر ڈالی اس زمانے میں یہ قلعہ تاج خاں نامی حاکم کے زیر نگیں تھا۔ تاج خاں سارنگ خانی کو سلطان ابراہیم لودی نے وہاں کا حاکم مقرر کیا تھا۔ تاج خاں سارنگ خانی کے پاس سرکاری خزانے کا ایک حصہ بھی اس قلعہ میں محفوظ تھا۔ جب بابر نے اس قلعہ پر چڑھائی کی تھی تو تاج خاں نے اس کی ماتحتی قبول کر لی تھی۔ بابر نے کچھ دن بعد بہت کوشش کی کہ تاج خاں سے قلعہ خالی کروا لیا جائے اور اس پر مکمل قبضہ مل جائے مگر اس کوشش میں اُسے ناکامی کا سامنا کرنا پڑا اور تاج خاں

حسب سابق اپنے عہدہ پر مامور رہا۔ اس کی بیوی لاڈ ملکہ بے حد خوبصورت تھی ساتھ ہی وہ نہایت عقلمند اور چالاک بھی تھی۔ تاج خاں کا اس کے ہاتھوں میں کٹھ پتلی بن جانا فطری امر تھا۔ لاڈ ملکہ کے کوئی اولاد نہ تھی۔ تاج خاں کی دوسری بیویوں سے کئی بچے تھے جن کے گزارے کا کوئی معقول اور مناسب بندوبست نہیں تھا۔ اسی وجہ سے وہ اپنے باپ سے تو ناراض رہتے ہی تھے لاڈ ملکہ سے بھی سخت برہم تھے اور اس سے سخت نفرت کرتے تھے۔ ایک دن تاج خاں کے بڑے لڑکے نے تلوار سے لاڈ ملکہ پر حملہ کر دیا جس سے اُسے تو معمولی چوٹ آئی لیکن تاج خاں غصہ سے لال پیلا ہو گیا اور ہتھیار اٹھا کر بیٹے کا پیچھا کیا۔ بیٹے نے بھی باپ پر ہاتھ چھوڑ دیا۔ تاج خاں سخت زخمی ہوا اور بالآخر مر گیا۔ بیٹا فرار ہو گیا۔

اب لاڈ ملکہ قلعہ کی مختارِ کل بن گئی۔ اس کے سوتیلے بیٹے اس کے جانی دشمن تھے لیکن فوج میں اس کے وفاداروں اور حامیوں کی کثرت تھی ان میں تین ترکمان سردار، میر احمد، میر اسحاق اور میر داد بھی تھے۔ انھوں نے لاڈ ملکہ کو اپنی کامل وفاداری کا یقین دلایا اور حلف اٹھایا۔ ملکہ کو ان تینوں پر پورا پورا اعتبار تھا۔

اُدھر شیر خاں نے خفیہ پیغام بھیج کر ان تینوں سرداروں سے معاملہ طے کرنا چاہا۔ اس نے انھیں سمجھایا کہ جب دہلی کے بادشاہ کو تاج خاں کے انتقال کی اطلاع پہنچے گی تو وہ بلا توقف لاڈ ملکہ اور تم تینوں سرداروں کو قلعہ سے بے دخل کر دے گا۔ یہ بات ان کی سمجھ میں آگئی اور شیر خاں سے انھوں نے معاہدہ کر لیا کہ وہ اسے قبضہ دلا دیں گے اور اس کے بدلے میں شیر خاں ان سے اچھا سلوک کرتا رہے گا۔ چنانچہ ان تینوں نے لاڈ ملکہ کو رائے دی کہ تاج خاں کے بیٹوں اور مغل بادشاہ کے غیض و غضب سے بچنے کا ایک ہی راستہ ہے کہ قلعہ شیر خاں کے سپرد کر دیا جائے۔ انھوں نے یہ مشورہ بھی دیا کہ بہتر ہے لاڈ ملکہ شیر خاں سے نکاح کر لے۔ لاڈ ملکہ کو یہ تجویز پسند آئی۔ یہ تجویز ہر طرح سے اس کے حق میں تھی اور بہتری کے لیے تھی۔ اس نے بس ایک ہی شرط رکھی کہ جس لڑکے نے میرے شوہر اور اپنے باپ کو ہلاک کیا ہے، شیر خاں کسی طور سے اس کے ناک کان کاٹ دے۔

اس سے بیشتر کہ تاج خاں کے بیٹوں کو اس معاہدہ کی بھنک بھی پڑے، شیر خاں بارات لے کر چنار کے قلعہ پہنچ گیا۔ شادی میں دلہن کی طرف سے اُسے ڈیڑھ سو[۱۵] نایاب ہیرے، سات من موتی، ڈیڑھ سو[۱۵] من سونا اور طرح طرح کے قیمتی زیورات ملے[۱]۔ تھوڑی ہی مدت میں شیر خاں نے چنار کے آس پاس

---

[۱] تاریخ شیر شاہی۔ عباس سروانی۔ ص ۲۶۲

کے پرگنوں پر بھی قبضہ کر لیا۔ کچھ عرصہ بعد اس نے ناصر خاں کی بیوہ گوہر حسین سے بھی شادی کر لی جہاں سے اُسے ساٹھ من سونا حاصل ہوا۔ شیر خاں اب بے حد طاقت ور ہو چکا تھا۔ وہ ایک بڑے مضبوط قلعہ اور بے شمار دولت کا مالک تھا۔ اس کے پاس پیادہ اور گھڑ سوار فوج کی کافی تعداد تھی۔

اس دوران سلطان سکندر لودی کے بیٹے سلطان محمود کو، جسے رانا سانگا، حسن خاں میواتی اور چند دوسرے افغان سرداروں نے دہلی کا بادشاہ تسلیم کیا تھا۔ سیکری کے نزدیک شہنشاہ بابر سے جنگ کرنی پڑی۔ اس لڑائی میں عادل خاں کا بیٹا حسن خاں اور ہنگیر پور کا راجا ایول کئی دوسرے سرداروں کے ساتھ مارے گئے۔ سلطان محمود اور رانا سانگا چتوڑ کی جانب فرار ہو گئے۔ اس زبردست شکست کے بعد سلطان محمود کچھ عرصہ چتوڑ میں مقیم رہا اور پھر پٹنہ کی طرف چلا گیا۔ یہیں اعظم خاں، ہمایوں ثانی، جو سلطان محمود کا خسر تھا، عیسیٰ خاں، عمر خاں، اور ابراہیم خاں جیسے نامور اور بہادر افغان ایک ساتھ سلطان محمود سے آن ملے۔ ان سب نے مشورہ کرنے کے بعد متفقہ طور پر فیصلہ کیا کہ مغلوں کی مخالفت کی جائے۔ انھوں نے سلطان محمود کو اپنا بادشاہ تسلیم کیا۔ شیر خاں نے جب دیکھا کہ یہ تمام افغان سردار سلطان محمود کے ساتھ ہیں تو اس نے بھی اظہار وفاداری میں ہی اپنی عافیت سمجھی، کیوں کہ ان سب سے مقابلہ کرنے کی نہ تو اس میں ہمت ہی تھی اور نہ اتنی طاقت۔ سلطان محمود اس وقت بے حد طاقتور حکمراں تھا۔ چنانچہ شیر خاں نے پٹنہ جا کر سلطان محمود کو اپنی وفاداری اور جاں نثاری کا یقین دلایا۔

اس وقت تک دوسرے افغان سرداروں نے صوبہ بہار کو مختلف جاگیروں میں تقسیم کر کے آپس میں بانٹ لیا تھا۔ سلطان نے شیر خاں کو اطمینان دلایا: "میں جون پور فتح کر لوں تو بہار تمھیں واپس کر دوں گا۔ چونکہ تم نے اُسے بنگال کے سلطان کو شکست دے کر حاصل کیا تھا۔ تم اس بارے میں مطلق فکر نہ کرو۔ جس طرح سلطان سکندر نے دریا خاں کو دیا تھا میں بھی اسی طرح تمھیں دے دوں گا۔"[1] شیر خاں نے اس یقین دہانی کو تحریری طور پر بھی حاصل کر لیا اور دربار سے کچھ مدت کے لیے رخصت لے کر واپس اپنی جاگیر پر پہنچ گیا، جہاں وہ اپنی فوجی طاقت مضبوط کرنے میں جُٹ گیا۔

سلطان محمود نے اپنی فوج کو مضبوط کیا اور پھر جون پور فتح کرنے کے لیے روانہ کر دیا۔ اس نے شیر خاں کو اس مہم میں شامل ہونے کا فرمان بھیجا۔ جواباً شیر خاں نے لکھا کہ جوں ہی میری تیاریاں مکمل ہو جائیں گی میں اپنی فوج کے ساتھ آپ کی مدد کے لیے حاضر ہو جاؤں گا۔ سلطان محمود کے سرداروں

---

[1] تاریخ شیر شاہی۔ عباس سروانی

نے اس کو محض بہانہ بازی سمجھا اور اس کے خلاف سلطان کے خوب کان بھرے۔ سلطان کے ایک افغان سردار اعظم ہمایوں سروانی نے صلاح دی کہ سلطان کی فوج کو شیر خاں کی جاگیر سے ہو کر جون پور کی طرف چلنا چاہیے اور شیر خاں کو اس کی سزا ملنا چاہیے کہ سلطان کی فوج میں شامل ہونے سے آنا کانی کی ہے اس نے یہ بھی کہا کہ شیر خاں کو ہمارا استقبال کرنا چاہیے اور اپنی فوج کے ساتھ فوراً مہم میں شامل ہونا چاہیے۔ یہ صلاح سبھی کو پسند آئی اور سلطان کی فوج نے سہسرام کی جانب کوچ کیا۔
جب اس کارروائی کی اطلاع شیر خاں تک پہنچی تو اُسے بہت رنج ہوا۔ اس نے اپنی مجبوری اپنے دوستوں سے بیان کی کہ اب تو مجھے ان لوگوں کے ساتھ جانا ہی پڑے گا۔ چنانچہ وہ سلطان کی فوج کے استقبال کی تیاریوں میں مصروف ہو گئے۔ اس نے سب سرداروں اور فوج کے لیے نہایت عمدہ کھانے پکوائے اور ہر سردار کے مرتبہ اور درجہ کے مطابق ان کے خیموں میں بھجوا دیے۔ اس استقبال اور خاطر مدارات سے افغان سردار نہایت خوش ہوئے۔ شیر خاں کے اصرار پر سلطان محمود کچھ مدت کے لیے سہسرام میں قیام کرنے پر رضامند ہو گیا۔ شیر خاں اپنی فوج کے ہمراہ سلطان محمود کی قیادت میں جون پور کی مہم کے لیے روانہ ہو گیا۔ اس عظیم الشان فوج کے نزدیک پہنچتے ہی مغل فوج قلعہ خالی کر کے بھاگ کھڑی ہوئی۔ سلطان محمود خود تو جون پور میں رک گیا لیکن اس کے ہمراہی افغان سردار فوج کے ساتھ آگے بڑھ گئے۔ انھوں نے لکھنؤ اور اس کے آس پاس کے علاقوں پر قبضہ کر لیا۔
ہمایوں کو افغانوں کی اس کامیابی کی اطلاع ملی تو وہ بلا توقف آگرہ سے فوج لے کر لکھنؤ کی سمت روانہ ہو گیا۔ اس دوران سلطان محمود بھی جون پور سے لکھنؤ آپہنچا۔ ۱۵۳۲ء کے لگ بھگ لکھنؤ کے نزدیک مغلوں اور افغانوں میں جنگ ہوئی۔ اگرچہ باقاعدہ جنگ کی ابتدا نہیں ہوئی تھی مگر بھی دونوں فوجیں موقع پا کر ایک دوسرے پر حملہ کر دیتی تھیں اور چھوٹی موٹی جھڑپیں ہوتی رہتی تھیں شیر خاں نے ہمایوں کے پاس خفیہ اطلاع بھیجی کہ محمود مجھے زبردستی اپنے ساتھ لایا ہے اور میں مجبور ہوں۔ لیکن جیسے ہی باقاعدہ حملہ شروع ہو گا، میں اپنی فوج اور ساتھیوں کے ساتھ یہاں سے نکل جاؤں گا۔ یہ پیغام ہندو بیگ نامی سردار کی معرفت بھیجا گیا تھا۔ ہمایوں نے اپنے مشیروں اور ہندو بیگ سے مشورہ کے بعد شیر خاں کو کہلا بھیجا کہ ہمارا ساتھ دینے میں ہی تمہارا فائدہ ہے چنانچہ عین جنگ کے عروج پر شیر خاں نے افغانوں کا ساتھ چھوڑ دیا اور اپنی فوج لے کر علیحدہ ہو گیا۔ نتیجہ میں سلطان محمود کو شکست فاش ہوئی۔ اس کے بیشتر سردار لکھنؤ کی جنگ میں کام آگئے اور وہ خود بھاگ کر بہار چلا گیا۔ اب نہ اس کے پاس دولت تھی اور نہ ہی کوئی علاقہ رہا تھا جہاں سے وہ پھر اپنی طاقت جمع

کرتا۔ چند بچے کھچے ساتھی بھی چھوڑ گئے۔ بادشاہ بننے کا خواب ادھورا رہ گیا اور وہ پٹنہ میں ایک معمولی شہری کی مانند زندگی گزارنے پر قانع ہو گیا۔ یہیں پر چار پانچ سال بعد اس کی شمع زندگی بجھ گئی۔

فتح یاب وکامران ہمایوں نے شیر خاں سے چنار حاصل کرنے کے لیے ہندو بیگ کی زیر کمان اپنی فوج بھیجی۔ شیر خاں نے کسی بھی قیمت پر چنار سے دست برداری کو منظور نہیں کیا۔ یہ اطلاع پاکر ہمایوں نے مزید فوج بھیجی۔ شیر خاں نے اپنے بیٹے جلال خاں اور جلال ابن جو لو کو قلعہ کی محافظت پر مامور کیا اور خود قریب کی پہاڑیوں میں روپوش ہو گیا۔ دونوں جلالوں نے اس جنگ میں بہادری کے جوہر دکھلائے اور مغلوں کے چھکے چھڑا دیے۔ اس دوران شیر خاں چنار کے اردگرد کے حکمرانوں سے مدد حاصل کرنے کی کوشش میں لگا ہوا تھا کہ خبر آئی گجرات کے حاکم بہادر شاہ نے مانڈو پر قبضہ کر کے ہمایوں کے خلاف اعلانِ جنگ کر دیا ہے اور دہلی کی طرف کوچ کرنے والا ہے۔ شیر خاں کو یہ سمجھنے میں دیر نہ لگی کہ ہمایوں کے لیے اب چنار کا قلعہ نہایت حقیر چیز ہو گئی ہے اور زیادہ عرصے تک اس کی فوج یہاں نہیں ٹھہر سکتی چنانچہ اس نے ہمایوں کے پاس درخواست بھیجی کہ چنار کا قلعہ اُسے عطا کر دیا جائے۔ اس نے لکھنؤ کی جنگ میں اپنے تعاون کا حوالہ بھی دیا اور یہ بھی کہا کہ دہلی کی حفاظت آپ کے لیے نہایت اہم ہے۔ بطور ضمانت میں اپنے بیٹے قطب خاں کو آپ کی خدمت میں روانہ کر دوں گا۔ اگر آپ کو میرا کوئی عمل ناگوار خاطر گزرے تو آپ میرے بیٹے کو جو چاہے سزا دے سکتے ہیں۔ ہمایوں نے یہ پیشکش اس شرط پر منظور کر لی کہ قطب خاں کی بجائے وہ اپنا دوسرا بیٹا جلال خاں مغل فوج کے ہمراہ روانہ کرے۔ شیر خاں نے عذر کیا کہ جلال خاں میرے دشمنوں سے جنگ میں مشغول ہے اسے میں کس طرح آپ کے ساتھ بھیج سکتا ہوں۔ ہمایوں نے مجبوراً اس کا عذر قبول کر لیا اور شیر خاں کو چنار کا قلعہ سونپ کر قطب خاں کو ساتھ لے جانا منظور کر لیا۔ شیر خاں نے اپنے مشہور درباری عیسےٰ رنگ اور بیٹے قطب خاں کو ہمایوں کے ساتھ بھیج دیا۔ ہمایوں جونپور سے آگے بڑھ گیا اور گجرات کے بہادر شاہ کو زیر کرنے کی تیاری میں مشغول ہو گیا۔ موقع غنیمت جان کر شیر خاں نے اس عرصے میں بہار میں اپنے سبھی دشمنوں کا خاتمہ کر دیا اور ان افغانوں کو جو نہایت بے بس اور بے چارگی کی زندگی گزار رہے تھے اپنی فوج میں بھرتی کر لیا۔ جن افغانوں نے اس کی فوج میں شامل ہونے سے انکار کیا انھیں اس نے تہہ تیغ کر ڈالا۔ لہٰذا سبھی افغان اس کے مددگار اور معاون بن گئے۔ اسی زمانے میں شیر خاں کا تعلق میاں محمد نامی ایک شخص سے ہوا جو کالا پہاڑ کے نام سے بھی معروف تھا۔ یہ شخص نہایت ہوشیار تھا۔ اس کا ایک بیٹا میاں نیامو، جو ایک کنیز کے بطن سے تھا، بہت عقلمند اور ذہین نوجوان تھا۔

میاں محمد کالا پہاڑ کی وفات کے بعد سلطان ابراہیم نے شیخ مستفی کو اس کا جانشین مقرر کر دیا۔ میاں محمد کی بیوی فتح ملکہ بہت زیرک اور ہوشیار عورت تھی۔ شیخ مستفی کے انتقال کے بعد اس نے اپنے دیور میاں نیازی کو حکومت کرنے کے آداب سکھائے۔ اُسے جاگیروں کے انتظام و انصرام کی ذمہ داری سونپی اور کہا: "اگر تم فوج میں لوگوں کی بھرتی کا ذمہ لو تو میں تمہیں اس کے لیے روپیہ فراہم کر سکتی ہوں۔" میاں نیازی نے اس موقع سے فائدہ اٹھایا اور فوج اکٹھی کر لی۔ اس نے کئی بار مختلف مقامات پر مغلوں سے ٹکر لی اور انھیں شکست دی۔ اس کی خاصی شہرت ہو گئی لیکن مغلوں اور افغانوں کے درمیان لکھنؤ کی جنگ میں وہ کام آ گیا۔ اس کی موت کے وقت فتح ملکہ بہار میں تھی۔ اس نے اپنے مال دولت اور جاگیر کے تحفظ کے لیے بہار کے سلطان کے پاس پناہ لینے کا ارادہ کیا۔ لیکن جب اُسے معلوم ہوا کہ میاں نیازی لڑائی میں مارے گئے اور سلطان محمود کو شکست نصیب ہوئی تو اس نے اپنا خیال چھوڑ دیا۔ اس بے بس ضعیف عورت کی مجبوری کی بھنک شیر خاں کو بھی ملی چنانچہ اس نے فوراً اس کی دولت اور جاگیر ہڑپ کرنے کا منصوبہ بنایا۔ شیر خاں نے فتح ملکہ کو لکھا کہ آپ کو افغان قوم کی عزت و ناموس کا پاس کرنا چاہیے اور ہندو راجاؤں کے چنگل میں نہیں پھنسنا چاہیے۔ بہتر تو یہ ہوگا آپ میرے علاقہ میں چلی آئیں۔ فتح ملکہ نے شیر خاں سے عہد لیا کہ وہ ہمیشہ اس کی حفاظت کرے گا اور اس سے کئے گئے معاملات کو بخوبی نبھائے گا۔ چنانچہ وہ شیر خاں کی پناہ میں آ گئی تھی۔

بنگال کے حکمراں نصرت شاہ کی وفات کے بعد وہاں کے امیروں نے سلطان محمود کو اس کا جانشین بنایا۔ لیکن محمود اتنا نااہل اور بزدل تھا کہ جلد ہی بنگال میں بدامنی پھیل گئی۔ شیر خاں نے اس صورتحال سے فائدہ اٹھانے کا ارادہ کیا۔ اس نے فتح ملکہ سے تین سو من سونا حاصل کیا اور اس کی مدد سے کثیر تعداد میں فوج جمع کی۔ اس سونے کے عوض اس نے فتح ملکہ کو دو پرگنے اور کچھ نقد روپیہ ادا کیا۔ اس طرح فوج جمع کر کے اس نے بنگال کی طرف پیش قدمی کی اور سیکری گلی یعنی گڑھی کے اس طرف تک بنگال کے سارے علاقے پر اپنا تسلط قائم کر لیا۔

ہمایوں جب گجرات کی مہم سے واپس آگرہ پہنچا تو خان خاناں یوسف خیل نے (جس نے بابر کو کابل سے آ کر ہندوستان پر حملہ کرنے کی دعوت دی تھی) ہمایوں سے کہا کہ اب آپ کو شیر خاں کی طرف توجہ دینی چاہیے۔ اس سے ہوشیار رہنے کی ضرورت ہے۔ ہمایوں نے ہندو بیگ کو جون پور روانہ کرتے ہوئے حکم دیا کہ شیر خاں کی نقل و حرکت کی اطلاع ہمیں دیتے رہنا۔ شیر خاں کو یہ اطلاع مل گئی۔ اس نے فوراً اپنے سفیر کو قیمتی تحائف کے ساتھ ہندو بیگ کے پاس یہ پیغام دے کر روانہ کیا کہ میں نے

کبھی بھی بادشاہ کے علاقوں پر ناجائز قبضہ نہیں کیا اس لیے آپ بادشاہ کو بہار اور بنگال کی طرف کا رخ کرنے سے روکیں اور انھیں یقین دلادیں کہ میں شیرخاں، ان کا جاں نثار خادم اور فرماں بردار سردار ہوں۔ اس کا نتیجہ حسبِ توقع اچھا نکلا۔ ہندو بیگ نے ہمایوں کو شیرخاں کی وفاداری کا کامل یقین دلایا اور بہار اور بنگال کی طرف سے مطمئن کر دیا۔

اُدھر شیرخاں نے اپنے بیٹے جلال خاں، (سردار اعلیٰ) سپہ سالار خواص خاں بزرگ اور دیگر سرداروں کے ساتھ ایک بڑی فوج بنگال اور گوڑ پر قبضہ کرنے کے لیے روانہ کی۔ بنگال کا سلطان محمود خوف زدہ ہوکر گوڑ کے قلعہ میں پناہ گزیں ہو گیا۔ شیرخاں کی افواج نے قلعہ کا محاصرہ کرلیا اور دونوں طرف سے فوجوں میں جھڑپیں ہونے لگیں۔

ادھر ہمایوں کی بہار اور بنگال کی جانب پیش قدمی جاری تھی۔ چنار کے نزدیک پہنچنے پر اُسے پرچہ ملا کہ جلال خاں نے گوڑ کے قلعہ کا محاصرہ کر رکھا ہے۔ اب اس کے سامنے یہ مسئلہ درپیش ہوا کہ پہلے چنار پر قبضہ کیا جائے یا بنگال کی راج دھانی گوڑ پر حملہ کیا جائے۔ اس کے نوجوان سرداروں کی صلاح تھی کہ پہلے چنار کو سمبھالنا چاہئے لیکن سن رسیدہ سردار خان خاناں یوسف خیل کا مشورہ تھا کہ پہلے گوڑ کے قلعہ پر قبضہ کر کے اس کے خزانے پر قابو پانا چاہئے کیونکہ اس کے بعد چنار کو فتح کرنا نہایت آسان ہو جائے گا۔ لیکن ہمایوں نے کہا، "میں خود جوان ہوں اور نوجوان سرداروں کی رائے میری حسب منشا ہے۔" اس پر خان خاناں نے پھر شبہ ظاہر کیا کہ جب تک چنار کی لڑائی ختم ہوگی اس دوران شیرخاں کا بیٹا جلال خاں گوڑ کے قلعہ پر قبضہ کرلے گا۔

شیرخاں نے قلعہ چنار کی حفاظت کا کام اپنے دو سرداروں کے سپرد کر رکھا تھا اور وہ خود جنگلوں میں بھٹک رہا تھا۔ اب اُسے ایک محفوظ جائے پناہ کی تلاش تھی۔ اس نے بہت مشکل سے ایک طرف تو کئی من سونے کے تحائف دے کر اور دوسری طرف ہمایوں جیسے دشمن سے مل جانے کی دھمکی سے اپنے قدیم دوست، روہتاس کے راجا، چوڑامنی کے نائب کے اثر و رسوخ کو کام میں لاکر روہتاس کے قلعے میں پناہ لی۔ یہیں اسے اطلاع ملی کہ چنار کے قلعہ پر ہمایوں قابض ہو گیا اور اس کا سپہ سالار خواص خاں گوڑ کی خندق میں ڈوب جانے کے باعث فوت ہو گیا۔ اس نے گوڑ کی لڑائی کی رفتار تیز تر کرنے کے لئے اپنے ایک دوسرے مصاحب، سردار مصاحب خاں کو، جو خواص خاں کا چھوٹا بھائی تھا، اس کے مرحوم بھائی کا عہدہ اور رتبہ عطا کر کے گوڑ کی طرف روانہ کیا۔

پہلی بار شاہ کا لقب

تاریخ شیر شاہی یا تحفہ اکبر شاہی کے مصنف عباس خاں سروانی کے قلمی اور مستند نسخے کے مطابق شیر شاہ کو ’’پہلی بار‘‘ بادشاہ‘‘ اس کے سپہ سالار خواص خاں نے کہا تھا۔ اس نے گوڑ پہنچ کر جلال خاں سے کہا ’’ شیر شاہ بادشاہ کا حکم ہے کہ گوڑ کے قلعہ پر فوراً قبضہ کر لینا چاہئے کیونکہ ہمایوں مغل فوج کے ساتھ اس طرف آرہا ہے۔‘‘ خواص خاں نے جلال خاں، شجاعت خاں اور دیگر افغان سرداروں کو تین طرف سے قلعہ پر حملہ کرنے کی صلاح دی اور انھیں اس پر اکسایا۔ ان تینوں نے بے دلی سے اس کا مشورہ قبول کیا کیوں کہ انھیں یقین ہو چکا تھا کہ ایک نہ ایک دن گوڑ کا قلعہ شیر شاہ کے قبضہ میں آکر رہے گا، چنانچہ بہتر ہے کہ اس مہم میں، ہمیں بھی اس کا ہاتھ بٹانا چاہیے۔ اس لڑائی میں خواص خاں نے بڑی بہادری کا ثبوت دیا اور اس کے بعد آئندہ ہونے والی سبھی لڑائیوں میں وہ بے جگری سے لڑتا رہا اور شیر خاں کے لیے فتح پر فتح حاصل کرتا رہا۔ شیر خاں کی فوج میں اس جیسا جری اور بہادر دوسرا کوئی افغان سردار یا سپہ سالار نہیں ہوا۔

شیر خاں کو جلال خاں نے اطلاع بھجوائی کہ گوڑ کے قلعہ کو ہم نے فتح کر لیا ہے اور اس کامیابی کا سہرا خواص خاں کے سر ہے۔ اس خبر کو پا کر شیر خاں بے انتہا خوش ہوا۔

گوڑ کا قلعہ نومبر ۱۵۳۷ء سے زیرِ محاصرہ تھا۔ مارچ ۱۵۳۸ء میں اس پر باقاعدہ حملے ہونے لگے اور قلعہ میں محصور لوگوں کو تکالیف کا احساس ہونے لگا جو محاصرے کے باعث ناگزیر تھیں۔ بالآخر افغان ۶ر اپریل ۱۵۳۸ء کو قلعۂ گوڑ میں داخل ہو گئے اور عہد وسطیٰ کے بنگال کی آزاد حکومت کا خاتمہ ہو گیا۔ سلطان محمود نے قلعہ خالی کر دیا اور شمالی بہار کی جانب فرار کر گیا۔ سلطان محمود کا دور تک تعاقب کر کے اسے لڑائی کے لیے مجبور کیا گیا۔ وہ زخمی بھی ہوا مگر کسی نہ کسی طرح وہ فرار ہو جانے میں کامیاب ہو گیا اور کشتی کے ذریعہ حاجی پور (پٹنہ کے سامنے) چلا گیا۔ اس کا ارادہ ہمایوں کے دربار میں حاضر ہونے

کا تھا۔

شیر خاں نے دیکھا ہمایوں چنار کا قلعہ فتح کر لے کے بعد مشرق کی طرف بڑھنا چاہتا ہے تو اس نے اپنے سفیر کے ذریعے ہمایوں کے تئیں اپنی وفاداری اور عقیدت کا پیغام بھیجا۔ اس یقین دہانی کے ساتھ کہ اگر آپ اپنے دل سے بنگال کا خیال نکال دیں تو میں پورا بہار آپ کے حوالے کردوں گا۔ اس کے علاوہ بادشاہ خدمت میں دس لاکھ روپے ہر سال بطور مالیات ادا کرتا رہوں گا۔ اس یقین دہانی سے مطمئن ہو کر ہمایوں آگرہ لوٹ گیا اور شیر خاں بے فکر ہو گیا۔ لیکن اس واقعہ کے تین ہی دن بعد سلطان محمود ہمایوں کے دربار میں حاضر ہو کر کہا: "بے شک گوڑ کا قلعہ میں نے خالی کر دیا لیکن باقی سارا بنگال تو اب بھی میرے زیر اختیار ہے۔ آپ شیر خاں کی باتوں میں ہرگز نہ آئیں اور اس پر حملہ کرنے کے لیے کوچ فرمائیں۔" محمود کے اس طرح توجہ دلانے سے ہمایوں کا ارادہ بدل گیا۔ اس نے بری برلاس اور دوسرے جرنیلوں کے ساتھ خان خاناں یوسف خیل کی کمان میں ایک معقول فوج کو بھارکھنڈ کی پہاڑیوں کی طرف شیر خاں پر حملہ کرنے کے لیے روانہ کر دیا۔

جب شیر خاں کو معلوم ہوا کہ ہمایوں کی نیت بدل گئی ہے اور وہ سبھی شرطوں کو توڑ کر بنگال کی طرف روانہ ہو گیا ہے تو اُسے بہت صدمہ پہنچا اور اس نے عہد کر لیا کہ وہ آئندہ کبھی ہمایوں کے عہد و پیمان پر یقین نہ کرے گا۔ اس نے ہمایوں کے سفیر سے کہا: "میں ہمیشہ ہمایوں کا وفادار اور جاں نثار رہا ہوں۔ میں نے اس کے خلاف کبھی کوئی قدم نہیں اٹھایا ہے اور نا ہی کبھی اس کے علاقوں میں اپنے فوجی بھیجے ہیں۔ جب میں لے لوہانیوں سے صوبہ بہار حاصل کیا تھا اور بنگال کے سلطان نے اُسے مجھ سے چھیننے کا منصوبہ بنایا تھا تب بھی میں نے نہایت انکساری سے سلطان بنگال سے درخواست کی تھی کہ وہ بہار سے مجھے محروم نہ کرے اور امن و امان سے حکومت کر لے دے لیکن اُسے اپنی طاقت پر بے جا غرور تھا اس لیے اس نے میری درخواست کو ٹھکرا دیا اور مجھے نقصان پہنچانے پر تل گیا لیکن شاید اسی وجہ سے قادر مطلق نے مجھے کامیابی عطا فرمائی اور اللہ تعالےٰ کے فضل و کرم سے میں نے اس لالچی سلطان سے بنگال حاصل کر لیا۔ آج شہنشاہ ہمایوں نے میری خدمات کو قطعی بھلا دیا ہے۔ اُسے میری طاقت ور اور عظیم فوج کی بھی کچھ پروا نہیں ہے اور محض مجھے نقصان پہنچانے کے لیے اس نے بنگال کی طرف کوچ کر دیا ہے۔ اس نے میرے مفادات کی ذرا بھی پروا نہ کرتے ہوئے میرے دشمنوں کو خوش کرنا زیادہ بہتر سمجھا ہے لیکن یہ اس کی بھول ہے۔ ناانصافی اور غلط اقدام ہے۔ میری افغان فوج اور مجھے دشمن بنا کر وہ چین اور سکون سے حکومت نہیں کر سکتا۔ اس کی یہ محض خام خیالی ہے کہ میرے دشمنوں کا ساتھ دے کر

وہ میری فوج کو نیست نابود کر دے گا۔ ہماری بیش بہا خدمات کے عوض انعام دینے کے بجائے بادشاہ ہمارا خاتمہ کرنا چاہتا ہے۔ اس نے ہمارے ساتھ کئے ہوئے تمام معاہدوں کو توڑ دیا ہے۔ ان حالات میں میں اپنے افغان ساتھیوں کو بادشاہ کے خلاف بغاوت کرنے سے باز کیسے رکھ سکتا ہوں۔ مغلوں کو یہ خیال ہے کہ ہندوستان میں افغانوں کی باہمی لڑائیوں، حسد اور رنجشوں کے باعث مغل حکمرانوں کو ہندوستان فتح کرنے کا موقع ملا ہے لیکن آج یہ صورت حال نہیں ہے۔ مغل بادشاہ نے افغانوں کے ساتھ جو صلح کا معاہدہ توڑا ہے۔ اس کا ایک نتیجہ تو اچھا ہی نکلا۔ وہ یوں کہ افغانوں کے آپسی اختلافات و نفاقِ ختم ہو کر اس کی جگہ اتفاق دیک جہتی نے لے لی۔ اور اب خدا نے چاہا تو میدانِ جنگ میں ہی اس کا فیصلہ ہوگا کہ مغلوں اور افغانوں میں سے کس کی فوج زیادہ طاقت ور ہے؟"

مغل بادشاہ کے سفیر سے یہ سب باتیں کہہ کر اور تحائف دے کر شیر خاں نے اُسے رخصت کر دیا۔ شیر خاں پر اب بہ حقیقت روز روشن کی طرح عیاں تھی کہ مغل بادشاہ سے جنگ کرنی ہی پڑے گی اور اس کے لیے سبھی تدبیریں کام میں لانی ہوں گی۔ اس مقصد کو پیش نظر رکھتے ہوئے اس نے مکر و فریب، جاسوسی اور جنگی سیاست میں عجیب وغریب امتزاج پیدا کیا۔ اس نے اپنی فوج کا بڑا حصہ روہتاس کے قلعہ میں بھیج دیا اور خود چند شہ سواروں کے ساتھ خفیہ طور پر دشوار گزار پہاڑی راستوں سے گزرتا ہوا گوڑ کی سمت روانہ ہو گیا۔ وہ کچھ عرصہ راہ میں خفیہ مقامات پر قیام کرتا رہا۔ نقل وحرکت کے بارے میں معلومات حاصل کرتا رہا۔ ادھر ہمایوں کے جاسوس بھی غافل نہ تھے۔ ان کو اطلاع مل گئی کہ شیر خاں پہاڑیوں کی جانب چلا گیا ہے اس لیے ہمایوں کی فوج نے اس کا تعاقب کرنے کا خیال ترک کر دیا۔ خان خاناں یوسف خیل اور برّی برلاس جو شیر خاں کا پیچھا کرنے کے لیے بھیجے گئے تھے، منیر شیخ یحییٰ کے پرگنے میں رک گئے۔ اس کی وجہ یہ تھی کہ انھیں اطلاع ملی تھی کہ گوڑ کا سلطان محمود وہاں تک آ پہنچا ہے۔ برّی برلاس نے آگے بڑھ کر اس کا استقبال کیا۔ ابھی وہ سلطان محمود کے پڑاؤ پر پہنچے بھی نہ تھے کہ خود بادشاہ ہمایوں وہاں آ پہنچا۔ سلطان محمود ہمایوں کے سامنے حاضر ہوا۔ ہمایوں نے سلطان کی کوئی پذیرائی اور خاطر مدارات نہیں کی بلکہ ایک طرح کی بے رخی اور سرد مہری سے پیش آیا جس سے سلطان محمود کو بے حد صدمہ ہوا اور وہ تھوڑے ہی عرصے میں ذہنی پریشانی اور اپنی بے عزتی کے رنج سے فوت ہو گیا۔ بادشاہ نے اس کی فوج کو اپنی اختیار میں لے لیا۔

شیر خاں فوج کی تنظیم اور جنگی صلاحیتوں میں ہمایوں سے کئی گنا زیادہ ہوشیار اور چالاک

تھا اس کا ثبوت پٹنہ کے ایک واقعہ سے ملتا ہے۔ ہمایوں نے شاہی پڑاؤ سے تقریباً پندرہ میل یعنی ۲۴-۲۳ کلومیٹر آگے اپنے کئی نامور جرنیلوں کے ساتھ بیس ہزار گھڑ سوار فوج روانہ کی تھی۔ ادھر شیر خاں اپنے کچھ سواروں کے ساتھ چھپتا چھپاتا مغلوں کا مقابلہ کرنے کے لیے نکل کھڑا ہوا جب ہمایوں پٹنہ پہنچا تو اس کی ہراول فوج کے دستے نے ایک گاؤں کے قریب چند اجنبی سواروں کو دیکھا۔ انھوں نے ایک دیہاتی سے پوچھا کہ یہ سوار کون ہیں۔ گاؤں والوں نے بتایا کہ یہ شیر خاں کے سپاہی ہیں۔ انھوں نے یہ بھی بتایا کہ شیر خاں خود بھی اپنے سپاہیوں کے ساتھ یہاں مقیم ہے۔ یہ سن کر مغل سپاہی گھبرا گئے اور وہ اس قدر حیران ہوئے کہ انھوں نے یہ بھی معلوم کرنے کی کوشش نہیں کی کہ اس وقت شیر خاں کے ساتھ کتنی فوج ہے۔ وہ فوراً لوٹ پڑے اور اپنے سپہ سالار کو آکر اطلاع دی کہ شیر خاں فلاں گاؤں میں پڑاؤ ڈالے ہوئے ہے۔ سپہ سالار نے ایک طرف تو اپنا ایک ہرکارہ بادشاہ کی خدمت میں حکم حاصل کرنے کے لیے روانہ کر دیا دوسری طرف اپنے جاسوس شیر خاں کے پڑاؤ کی جانب بھیجے تاکہ اس کی فوجی طاقت اور سپاہیوں کی تعداد معلوم ہو سکے۔ جب تک کہ یہ جاسوس شیر شاہ کے پڑاؤ کی جگہ پر پہنچے تب تک وہ اپنے سواروں کے ساتھ وہاں سے جا چکا تھا۔ جب انھوں نے لوٹ کر اپنے سپہ سالار کو یہ اطلاع دی تو رات کا اندھیرا پھیل چکا تھا چنانچہ شیر خاں اور اس کے ساتھیوں کا تعاقب نہیں ہو سکتا تھا۔

اس طرح شیر خاں نے جب گڑھی کے درّے کو پار کیا تو اس نے سیف خاں اچھا خیل سروانی کو بھی اپنے خاندان کے ساتھ روہتاس کے قلعہ کی طرف جاتے ہوئے دیکھا۔ شیر خاں نے اُسے فوراً وہ راستہ ترک کی صلاح دی لیکن مغل فوج کے بے حد قریب ہونے کے باعث سیف خاں کوئی دوسرا راستہ اختیار نہیں کر سکتا تھا۔ چنانچہ مغل فوج کے بارے میں مکمل معلومات حاصل کرنے کے بعد سیف خاں نے شیر خاں سے کہا: "آپ کے پاس بہت کم فوج ہے اور مغل آپ کے بہت قریب آ پہنچے ہیں۔ بہتر ہے کہ آپ میرے خاندان کے لوگوں کو اپنے ساتھ لے کر آگے بڑھ جائیے۔ میں اس دوران آپ کی افغان فوج کے ساتھ درّے کی حفاظت کروں گا اور مغلوں کو اس وقت تک درّے میں نہیں گھسنے دوں گا جب تک مجھ میں جان باقی ہے۔ اس وقت تک یقیناً آپ کافی دور نکل چکے ہوں گے۔" پہلے تو شیر خاں نے یہ تجویز ماننے سے قطعی انکار کر دیا لیکن جب سیف خاں نے کہا: "آپ ہمارے سردار ہیں اور آپ کی حفاظت کے آگے ہماری جان کوئی قیمت نہیں رکھتی۔ میرے لیے باعث فخر ہوگا اگر آپ پر اپنی جان نچھاور کر سکوں۔" تو شیر خاں مجبوراً آمادہ ہو گیا اور سیف خاں کو اپنی فوج کے ساتھ چھوڑ کر تیزی سے آگے بڑھ گیا۔

سیف خاں کی جاں نثاری

دوسرے دن علی الصبح سیف خاں نے اپنے ساتھیوں کو ضروریات سے فارغ ہوکر شہادت کے لیے تیار ہو جانے کا حکم دیا اور ان سے خطاب کرتے ہوئے کہا: "اگر آپ اپنی جان کی قربانی دینے کے لیے تیار ہو گئے ہیں، تو ہم بھی اپنے ہزاروں سپاہیوں کے ساتھ اپنی جان نچھاور کرنے کے لیے تیار ہیں۔ وقت آنے پر آپ دیکھیں گے کہ ہم اپنے فرض کی ادائیگی میں کبھی پیچھے نہیں رہیں گے۔" اس تقریر کے بعد اس کے سپاہیوں نے اسلحہ زیب تن کئے اور درّہ کو ہر طرف سے گھیر لیا اور بے حد مضبوط مورچہ بندی کر لی۔ مغل فوج کے نزدیک پہنچتے ہی سیف خاں کے سپاہیوں نے حملہ کر دیا اور مغلوں کے درّے میں داخل ہونے کی ہر کوشش کو ناکام بنا دیا۔ مغل ان کی جرأت اور بہادری دیکھ کر دنگ رہ گئے۔ ان محدودے چند افغاں سواروں نے تیسرے پہر تک مغل فوج کا ڈٹ کر مقابلہ کیا لیکن بالآخر انہیں پسپا ہونا پڑا۔ ان میں سے بیشتر افغان سپاہی ہلاک ہو گئے اور سیف خاں تین کاری زخم کھا کر گر پڑا۔ اُسے مغلوں نے زندہ قیدی بنا کر موید بیگ کے پاس بھیج دیا۔ موید بیگ نے سیف خاں کو ہمایوں کے سامنے حاضر کیا۔ ہمایوں بھی اس کی شجاعت اور جاں نثاری سے بے حد متاثر ہوا اور اُسے آزاد کرتے ہوئے کہا: "ایک سچے سپاہی کا یہ اوّلین فرض ہے کہ اپنے آقا کے لیے جان کی بازی لگا دے۔ میں سیف خاں کی بہادری سے بے انتہا خوش ہوں اور اُسے آزاد کرتا ہوں۔ وہ جہاں چاہے جا سکتا ہے۔" سیف خاں نے ہمایوں سے عرض کیا میرے اہل و عیال شیر خاں کے پاس ہیں اس لیے میں وہیں جانا چاہتا ہوں ہمایوں نے بڑی خوشی سے اُسے وہاں جانے کی اجازت دے دی اور سیف خاں واپس شیر خاں کے پاس پہنچ گیا۔ یہ جنگ ۱۵۳۷ء اور ۱۵۳۸ء کے درمیان جنگ ہوئی تھی۔

اُدھر جب شیر خاں نیازی کے پاس (مونگیر) پہنچا تو اس نے ہدایت کی کہ ہمایوں کی فوج نزدیک آ پہنچی ہے، بہتر ہے کہ شجاعت خاں اور سیف خاں کے اہل و عیال کو گڑھی کے قلعے میں پہنچا دیا جائے۔ شیر خاں خود ایک تیز رفتار کشتی سے پانی کے راستے گوڑ کی جانب روانہ ہو گیا۔ وہاں پہنچتے ہی اس نے اپنے بیٹے جلال خاں اور دوسرے سرداروں کو حکم دیا کہ تم جا کر گڑھی کے قلعہ پر قبضہ کرو اور ہمایوں کو وہاں تب تک روکے رکھو جب تک میں گوڑ کے خزانہ کو روہتاس کے قلعے میں منتقل نہ کر دوں۔ جب جلال خاں اپنی فوج سمیت گڑھی پہنچا تو اُسے اطلاع ملی کہ مغل فوج کا ہراول دستہ بالکل قریب آ پہنچا ہے۔ اس نے ہراول فوج پر حملہ کا ارادہ کیا مگر دوسرے سرداروں نے اُسے یاد دلایا کہ شیر خاں کا اصل

منصوبہ کیا ہے اور ہمیں براہِ راست جنگ سے گریز کرنا چاہئے نیز مغل فوج کو درّے میں داخل ہونے سے روکنا ضروری ہے۔ لیکن جلال خاں نے ان کی ایک نہ سُنی اور فقط ایک ہزار سواروں کو گڑھی کے قلعے کی حفاظت کے لیے چھوڑ کر باقی چھ ہزار سواروں کو ساتھ لے کر مغل فوج پر ٹوٹ پڑا۔ زبردست جنگ کے بعد جلال خاں نے دشمن کو مار بھگایا۔ اس جنگ میں مغل فوج کے نامور سردار مبارک فارمولی اور عبدالفتح لنگا وغیرہ کام آئے۔

اس فتح کے بعد جلال خاں نے گڑھی (سلی گلی۔ سلی گوڑی، موجودہ آسام کا ایک ضلع) لوٹ کر دوبارہ اس کی مورچہ بندی شروع کی۔ اسی رات زبردست بارش ہوئی اور درّے سے آمد و رفت کا سلسلہ بند ہو کر رہ گیا۔ برسات شروع ہو چکی تھی چنانچہ ہمایوں کو تقریباً ایک ماہ تک یہاں قیام کرنا پڑا۔ شیر خاں نے ہمایوں کی اس مجبوری سے فائدہ اٹھایا اور گوڑ کا سارا خزانہ جھارکنڈ کے راستے سے لے جا کر روہتاس کے قلعے میں محفوظ کر دیا۔ اس نے وہیں سے جلال خاں کو حکم بھیجا کہ گڑھی خالی کر کے اپنی فوج سمیت روہتاس چلے آؤ۔ جلال خاں نے تعمیل کی اور گڑھی چھوڑ کر روانہ ہو گیا۔ ہمایوں اس اطلاع کو پا کر مطمئن اور بے فکر ہو گیا اور اپنی فوج کا کچھ حصہ مرزا ہندال کی سرکردگی میں آگرہ روانہ کر دیا ہمایوں نے خود بنگال کی راجدھانی گوڑ کی سمت کوچ کیا۔ گوڑ پہنچ کر وہ عیش و عشرت میں مشغول ہو گیا۔ اس نے متواتر تین ماہ تک نہ دربار کیا اور نہ کسی کو ملاقات کا موقع دیا۔ (۹۴۵ھ ۱۵۳۸-۳۹ء)۔

شیر خاں نے اس صورت حال سے پورا فائدہ اٹھایا اور وقت کا صحیح استعمال کیا۔ بنارس کی طرف بڑھ گیا۔ اس نے بنارس کا محاصرہ کر لیا۔ ساتھ ہی خواص خاں کو کچھ فوج دے کر مونگیر پر حملے کے لیے روانہ کر دیا۔ ہمایوں جب گوڑ کی طرف بڑھا تھا تو اس نے خان خاناں یوسف خیل کو مونگیر میں چھوڑ دیا تھا۔ شیر خاں نے خواص خاں کو حکم دیا کہ خان خاناں یوسف خیل کو قیدی بنا کر اس کے حضور پیش کیا جائے چوں کہ خان خاناں یوسف خیل نے ہی بابر کو ہندوستان پر حملہ کرنے کی دعوت دی تھی اور وہی بابر کو کابل سے بُلانے کے لیے پوری طرح ذمہ دار تھا۔ خواص خاں نے مونگیر پر ایک رات شب خون مارا اور اُسے فتح کرنے کے بعد خان خاناں کو قیدی بنا کر مونگیر سے بنارس لے آیا۔ اسی اثنا میں شیر خاں نے بنارس پر مکمل طور پر قبضہ کر لیا تھا۔ قلعہ بنارس میں مقیم بیشتر فوجی اور سردار مارے گئے۔ اس عظیم کامیابی کے بعد شیر خاں نے اپنے بیٹے جلال خاں، ہیبت خاں نیازی اور دیگر سرداروں کو بہرائچ کی سمت روانہ کیا تاکہ وہاں سے مغلوں کو باہر نکالیں۔ ان سرداروں نے سنبھل تک کے صوبے چھین لئے۔ اور شہر کو لوٹا اور برباد کیا۔ وہاں کے شہریوں کو قیدی بنا لیا۔ اس کے بعد شیر خاں نے ایک دوسری

فوجی ٹکڑی کو جون پور کی طرف روانہ کیا جہاں اس نے مغل حاکم کو قتل کر ڈالا اور جون پور پر بھی قبضہ کر لیا۔ شیر خاں نے اسی فوج کو اب آگرہ کی طرف بڑھنے کا حکم دیا۔ اب قنوج سے سنبھل تک کے وسیع علاقے پر افغانوں کا قبضہ ہو گیا تھا۔ اور اس علاقے کے تمام مغل حاکم یا سپہ سالار، جنھوں نے شیر خاں کی مخالفت کی تھی وہ یا تو قتل کر دیے گئے یا انھیں فرار ہونے پر مجبور کر دیا گیا۔ شیر خاں نے خواص خاں کی کمان میں ایک فوج کو ہمایوں کے مددگار اور حمایتی جاگیردار مہرتا کے علاقے پر قبضہ کرنے اور اسے قیدی بنانے کے لیے روانہ کی۔ اس تمام مفتوحہ علاقے کا لگان شیر خاں نے وصول کیا۔

ہمایوں کے مصائب میں اضافہ

اس دوران ہمایوں کو نئی مشکلات کا سامنا کرنا پڑا۔ اُسے اطلاع ملی کہ مرزا ہندال نے شیخ بہلول کو قتل کر کے آگرہ میں بغاوت کر دی ہے۔ شیخ بہلول بے حد معتمد اور جری درباری تھا[1] ہمایوں بے حد پریشان ہو گیا اور گھبرا کر بنگال سے آگرہ کی جانب کوچ کیا۔ برسات ختم ہو چکی تھی اور موسم موافق تھا۔ اس اثنا میں شیر خاں نے جون پور اور دیگر مقامات سے اپنی فوج بلا کر روہتاس کے قریب جمع کر لی۔ سوائے اس فوج کے جو اس نے خواص خاں کی سرکردگی میں مہرتا کے جاگیردار پر حملہ کرنے کے لیے بھیج رکھی تھی۔

اب شیر خاں نے ہمایوں کو مکمل طور پر شکست دینے کا منصوبہ بنایا۔ روہتاس میں شیر خاں کی فوج کو روکنے کے لیے تھوڑی سی مغل فوج موجود تھی۔ شیر خاں نے اپنے رفقا اور سرداروں کی مکمل حمایت اور مدد حاصل کرنے کے لیے نیز یہ جاننے کے لیے کہ وہ اس کی طاقت اور اثر بڑھانے میں ہر طرح اس کا تعاون کریں گے یا نہیں، انھیں اکٹھا کر کے مخاطب کیا اور کہا: "اس وقت ہمایوں کی فوج میں بہت انتشار اور بدنظمی ہے۔ کیوں کہ کافی عرصے تک اُسے بنگال میں بے کار رہنا پڑا ہے۔ اس کے علاوہ آگرہ میں مرزا ہندال نے بغاوت کر دی ہے اس لیے ہمایوں میری طرف سے غافل ہو کر مجبوراً آگرہ واپس لوٹ رہا ہے۔ اگر آپ لوگوں کا مشورہ ہو تو میں اس موقع سے فائدہ اٹھا کر اپنی قسمت آزماؤں۔ خدا کے فضل سے اب میری حالت زیادہ پائیدار اور مستحکم ہے۔ آپ جانتے ہیں بادشاہ کے بنگال کی مہم پر روانہ

---

[1] مخزن افغان کے مطابق شیخ بہلول ہمایوں کا ایک بے حد معتمد درباری تھا جسے ہمایوں نے مرزا ہندال کی بغاوت روکنے کے لیے آگرہ بھیجا تھا۔ ڈارن۔ ص ۱۱۶۔

ہونے سے پیشتر ہی سنے ان کی ماتحتی قبول کرلی تھی اور ان کو سالانہ خراج ادا کرنے کا وعدہ کیا تھا بشرطیکہ وہ بنگال میرے حوالے کردے۔ میں بادشاہ سے کسی قیمت پر جنگ کرنا نہیں چاہتا تھا۔ اس نے وعدہ خلافی کی اور مجھے مجبوراً ہمایوں کے خلاف تلوار اٹھانی پڑی۔ میں نے بہار اور جون پور سے اس کی فوجوں کو مار بھگایا ہے۔ چنانچہ صلح کا دروازہ بند ہوگیا ہے۔" ؎۱

اعظم ہمایوں سروانی نے، جو سکندر لودی کا معتبر سردار رہا تھا اور جو اب شیر خاں کا رفیق تھا، جواب دیا "آپ کو مغلوں سے جنگ کرنے کے سلسلے میں بہلول اور سکندر لودی کے سرداروں سے مشورہ نہیں لینا چاہئے کیوں آپس کے اختلافات اور نفاق کی وجہ سے مغلوں کے خلاف ہمارے تمام اقدامات بیکار ثابت ہوئے ہیں۔ یہ محض آپ کے مقدر کی خوبی ہے کہ آج سارے افغان آپ کے جھنڈے تلے جمع ہیں۔ مجھے تجربہ کار اور جنگ کے ماہرین نے کئی بار اس امر کی طرف توجہ دلائی ہے کہ افغان کسی طرح بھی جنگی صلاحیت اور شجاعت میں مغلوں سے کم نہیں ہیں۔ محض باہمی رنجش اور نفاق کے باعث وہ مغلوں سے شکست کھاتے رہے ہیں۔ مجھے یقین واثق ہے کہ اگر افغان آپ جیسے ہوشمند اور تجربہ کار قائد کی رہنمائی میں منظم ہوکر ایک فیصلہ کن لڑیں تو مغلوں کو یقیناً ہندوستان سے نکال باہر کریں گے۔ یوں آپ اپنے دوسرے سرداروں سے بھی ان کی رائے لے لیں مگر میرا ذاتی خیال ہے کہ اگر آپ یہ جنگ کریں گے تو کامیابی آپ کے قدم ضرور چومے گی۔" ؎۲

شیر خاں نے اعظم ہمایوں کے اس مشورے کو سن کر قطب خاں، ہیبت جنگ خاں نیازی، جلال خاں بن جلوئی، شجاعت خاں اور سرمست خاں سروانی جیسے ذی قدر سرداروں سے بھی مشورہ لیا۔ ان سب نے متفق الرائے ہوکر ہمایوں سے جنگ کرنے کی صلاح دی۔ انھوں نے یہاں تک کہا کہ اس طرح کا سنہری موقعہ دوبارہ افغانوں کو نہیں مل سکتا جب شیر خاں نے دیکھا کہ تمام افغان سردار صدق دلی سے ہمایوں کے خلاف اس کا ساتھ دینے کے لیے اور جنگ پر تیار ہیں تو اس نے روہتاس کی پہاڑیوں سے اپنی فوج کو باہر نکال لیا اور ہمایوں کا مقابلہ کرنے کے لیے چل پڑا۔ کہا جاتا ہے شیر خاں سست رفتاری لیکن انتہائی احتیاط کے ساتھ آگے بڑھتا گیا۔ جہاں کہیں پڑاؤ کرتا تھا فوراً خندقیں کھدوا کر قلعہ بندی کر لیتا تھا۔ جب شیر خاں کے ارادے کی اطلاع ہمایوں کو پہنچی تو اس نے بھی اپنی فوج کو شیر خاں کی سمت بڑھنے کا حکم دیا۔ شیر خاں نے یہ اطلاع پاتے ہی کہ ہمایوں کی فوجیں اس کی جانب پیش قدمی کر رہی ہیں بادشاہ کو پیغام بھیجا کہ اگر اب بھی بنگال کا صوبہ اُسے عطا کر دیا جائے تو وہ بادشاہ کے نام کا خطبہ اور سکہ اپنے

؎۱ تاریخ شیر شاہی۔ عباس سروانی۔
؎۲ ایضاً

علاقے میں جاری کرے گا۔ اس کا ایک معتمد اس کا نائب رہے گا۔ اس کے بعد شیر خاں نے آگے بڑھ کر ایک مناسب مقام پر پڑاؤ ڈال دیا۔ وہ ایک بہت بڑے گاؤں کے قریب رک گیا تھا جس کے پاس ایک نہر تھی۔ اس نہر کے دوسرے کنارے پر ہمایوں کی فوجیں تھیں۔ اس نہر کا پاٹ صرف ۲۵ گز تھا۔[1]

شیر خاں نے خواص خاں کو بھی اب مہرتا سے جلد از جلد واپس آنے کا حکم بھیجا۔ اُدھر ہمایوں کو جب شیر خاں کی طرف سے صلح کا پیغام موصول ہوا تو اس نے اس کی پیش کش کو منظور کرتے ہوئے کہلا بھیجا کہ میں تمہیں بنگال کا صوبہ دینے کے لیے تیار ہوں لیکن چوں کہ تم نے میرے علاقے کی سرحدوں میں مداخلت کی ہے اور میرے خلاف صف آرائی کی ہے لہٰذا تمہیں اس کا مداوا کرنا چاہئے اور بادشاہ کی عزت و احترام تم پر فرض ہے۔ تم کو فوراً واپس لوٹ جانا چاہئے۔ میں نہر پار کرکے دو تین منزلوں تک تمہارا تعاقب بھی کروں گا۔ لیکن اس کے بعد لوٹ جاؤں گا اور یہ اقدام اس لیے ہوگا کہ جملہ افواج میری فوجی طاقت سے واقف ہو جائیں۔[2]

شیر خاں نے ہمایوں کی یہ شرائط منظور کرلیں اور نہر کے کنارے سے اپنی فوجوں کو ہٹا کر پیچھے لے گیا۔ اب بادشاہ نے کشتیوں کے پل کی مدد سے نہر پار کی اور اپنی فوج اور خاندان کے ساتھ دوسرے کنارے پر پڑاؤ ڈال دیا۔

---

[1] مخزن افغاناں (قلمی نسخہ ص ۲۱۲) کے مطابق شیر خاں نے شاہی پڑاؤ کے سامنے سیہانامی گاؤں کے قریب اپنی فوج کی صف بندی کی جو چوسا (چوسا) اور بکسر کے درمیان واقع ہے۔

[2] تاریخ شیر شاہی ۔ عباس سروانی۔

مغلوں سے مقابلہ

ہمایوں نے شیخ خلیل، جو شیخ فرید گنج شکرؒ کی اولاد میں سے تھے، کو شیرخاں کے پاس بطور اپنے سفیر کے بھیجا تھا اور یہ پیغام دیا تھا کہ شیرخاں کو اب اس جگہ کو چھوڑ کر روہتاس کی طرف بغیر کہیں قیام کیے روانہ ہو جانا چاہیے۔ بادشاہ اپنے وعدے کے مطابق چند پڑاؤ تک اس کا پیچھا کرے گا اور اس کے بعد اس کے وکیل کو صوبہ بنگال کی حکومت کا فرمان دے کر آگرہ کی سمت واپس چلا جائے گا۔ شیخ خلیل نے شیرخاں کے پاس پہنچتے ہی ہمایوں کا پیغام سنا دیا۔ شیرخاں نے نہایت عزت و احترام شیخ خلیل کا استقبال کیا اور بادشاہ کے پیغام کو بظاہر قبول کر لیا۔ کہا جاتا ہے کہ شیخ خلیل نے اپنے ساتھی مغل سرداروں کے سامنے شیرخاں کو بادشاہ کی تجویز مان لینے پر بہت رضامند کیا اور طرح طرح سے سمجھایا کہ صلح کر لینے میں ہی اس کی بھلائی ہے لیکن اثنائے گفتگو میں، یہ بھی کہہ دیا کہ اگر تم سمجھوتے کے لیے تیار نہیں ہو تو جنگ کے لیے آمادہ ہو جاؤ۔ شیرخاں نے جواباً کہا: ”تمہارے ان الفاظ کو میں اپنے لیے نیک شگون مانتا ہوں۔ اگر اللہ تعالیٰ کی یہی رضا ہے تو میں ہمایوں سے ضرور جنگ کروں گا۔“ طویل بحث مباحثہ کے بعد شیرخاں نے بنگال کے بیش بہا تحائف، نقد روپیہ اور مالدہ کے مشہور و معروف آم بطور نذر ہمایوں کے سفیر شیخ خلیل کی خدمت میں بھیج کر اس کی حمایت اور ہمدردی حاصل کر لی۔ اس کے بعد خفیہ طور پر اس نے شیخ خلیل کو اپنے خیمہ میں بلوایا اور کہا: ”میرے ساتھی تمام افغان حضرت بابا فرید گنج شکرؒ کے بے حد ارادت مند ہیں کیوں کہ حضرت کا وطن مالوف وہی تھا جو ہمارے آباء و اجداد کا ہے۔“ اس کے علاوہ شیرخاں نے اسے مزید تحائف اور اس کی خواہش کے مطابق عہدہ دینے کا بھی وعدہ کیا اور کہا: ”بزرگوں کا قول ہے کہ تجربہ کار دانشمندوں اور بزرگانِ دین سے مشورہ لینا ہمیشہ مفید ہوتا ہے۔ اللہ تعالیٰ نے آپ کو یہ سب خوبیاں عطا فرمائی ہیں۔ آپ روشن ضمیر ہیں۔ براہِ کرم مجھے رائے دیجیے کہ اس وقت میرے لیے کون سا راستہ اختیار کرنا زیادہ

مفید ہے۔ بادشاہ سے جنگ یا سمجھوتہ؟" کافی غور و خوض کے بعد شیخ خلیل نے جواب دیا۔"تم نے اس مشکل مسئلہ میں میرا مشورہ حاصل کرنے کی خواہش کر کے مجھے تذبذب اور مشکل میں ڈال دیا ہے۔ سب سے پہلے تو میں بادشاہ کا سفیر بن کر تمہارے پاس آیا ہوں، اور اس حیثیت سے میرا اولین فرض بادشاہ کے مفاد کو پیش نظر رکھنا ہے۔ ادھر تم نے مجھ سے صلاح مانگی ہے۔ دانشمندوں کا کہنا ہے کہ اگر دشمن بھی تم سے صلاح مانگے تو تمہیں بے لاگ اور خدا لگتی سچی بات کہنی چاہیے۔ چنانچہ اگر میں تمہیں صحیح مشورہ نہ دوں تو دروغ گو کہلاؤں گا اور زمانے بھر میں بدنام ہوں گا۔ صدیوں سے افغان میرے بزرگوں کا احترام اور ان کی عزت کرتے آئے ہیں اور پھر رسول اللہ کا بھی حکم ہے کہ ہر مسلمان کو کسی دوسرے شخص کی بھلائی کے لیے ہمیشہ صحیح مشورہ ہی دینا چاہیے۔ اس لیے میں بھی تمہیں وہی صلاح دوں گا، جو میری نظر میں تمہارے لیے مفید ہوگی۔ تو سنو، اس وقت ہمایوں سے رو برو جنگ کرنا ہی تمہارے لیے بہتر اور سودمند ہے، کیوں کہ اس کی فوج اس وقت غیر منظم ہے۔ اس کے پاس گھوڑوں اور جانوروں کی بھی کمی ہے اور اس پر طرہ یہ کہ اس کے حقیقی بھائی اس کے خلاف علم بغاوت بلند کر چکے ہیں۔ بادشاہ خود اس صورت حال سے متاثر ہو کر تم سے صلح کا خواہش مند ہے۔ لیکن مجھے یقین کامل ہے کہ وہ پھر اپنے وعدے سے پھر جائے گا اور سمجھوتہ توڑ دے گا۔ لہٰذا میری رائے ہے کہ تمہیں اس موقع سے فائدہ اٹھانا چاہیے کہ پھر ایسا سنہری موقع کبھی نہ ملے گا۔" [1]

شیر خاں جو ابھی تک ہمایوں سے رو برو جنگ کے لیے کوئی قطعی فیصلہ نہیں کر سکا تھا، شیخ خلیل کا مشورہ سن کر بے حد خوش ہوا اور اس کے بعد مغلوں سے کسی قسم کا سمجھوتہ کرنے کا خیال بالکل ترک کر دیا۔ اس نے خواص خاں کو پہلے ہی بلا بھیجا تھا، چنانچہ اس کے آجانے کے بعد اس نے اپنی فوج کی اس طرح صف بندی کی جیسے وہ مہرتا کے حملہ کا مقابلہ کرنے کے لیے خود کو آمادہ کر رہا ہو۔ اپنے پڑاؤ سے چار کوس آگے جا کر وہ پوری فوج کے ساتھ پلٹ پڑا۔ اپنے اس عمل سے اس نے یہ ظاہر کرنا چاہا کہ مخبروں کی اطلاع کے مطابق مہرتا کی فوجیں ابھی کافی فاصلے پر ہیں۔ دوسرے دن بھی اس کی تمام فوج کئی کوس آگے بڑھنے کے بعد واپس آگئی۔ شیر خاں نے اعلان کیا کہ اس دن بھی مہرتا کی فوج کے آنے کی کوئی امید نہیں ہے۔ نصف شب کے قریب اس نے اپنے سرداروں اور معتمد ساتھیوں کو یکجا کر کے

---

[1] مخزن افغاناں کے مطابق ہمایوں محض دکھاوے کے لیے تعاقب کرنا چاہتا تھا تاکہ فوج میں اس کی عزت برقرار رہے۔ ڈی اڈارن صـ۱۲۰

خطاب کیا، "میں بادشاہ سے صلح کا وعدہ کر چکا ہوں۔ لیکن سچ یہ ہے کہ میں نے آج تک جس وفاداری اور جاں نثاری سے اس کی خدمت کی ہے مجھے اس کا کوئی صلہ نہیں ملا۔ میں نے سلطان محمود کو شکست دینے میں بادشاہ کا صدق دل سے ساتھ دیا لیکن اس کا انعام مجھے یہ دیا گیا کہ مجھ سے چنار کا قلعہ واپس مانگا گیا اور جب میں نے قلعہ بادشاہ کے سپرد کرنے سے انکار کیا تو ہمایوں نے مجھ پر فوج کشی کر دی اور جب یہ فوج بھی اپنے مقصد میں ناکام رہی تو بادشاہ خود مزید فوج لے کر قلعہ کو اپنی طاقت کے بل بوتے پر مجھ سے چھیننے کے لیے چنار آ گیا۔ اور جب محمد زمان مرزا نے اس کی قید سے فرار کر کے بغاوت کر دی اور دوسری طرف سے گجرات کے حکمراں سلطان بہادر شاہ نے دہلی پر چڑھائی کر دی تو ہمایوں کو مجبوراً چنار میرے قبضہ میں چھوڑ کر دہلی لوٹ جانا پڑا۔ اس کے علاوہ میرے بیٹے قطب خاں نے گجرات کی تمام لڑائیوں میں بادشاہ ساتھ دیا۔ جب بادشاہ دارالخلافہ سے دور گجرات میں لڑ رہا تھا میں بڑی آسانی سے جون پور اور اس کے آس کے پاس کے علاقوں پر قبضہ کر سکتا تھا لیکن میں نے ایسا نہیں کیا کیونکہ میں بادشاہ کو اپنا سرپرست و حاکم سمجھتا ہوں۔ میں نہیں چاہتا تھا کہ کسی بھی حالت میں میرا مقابلہ بادشاہ سے ہو جس کے باعث وہ مجھے نقصان پہنچانے کی کوشش کرے۔ گجرات سے لوٹنے کے بعد اس نے اپنی فوجوں کو میرے خلاف روانہ کر کے مجھے ان علاقوں سے نکال باہر کرنے کے احکامات دے دیے۔ اس نے میری پچھلی خدمات اور وفاداری کا ذرا لحاظ نہ کیا۔ مگر قسمت نے میرا ساتھ دیا اور ابھی تک بادشاہ کو اپنے کسی بھی منصوبے میں کامیابی نہیں ہوئی ہے۔ میں نے بادشاہ کی ماتحتی اور سربراہی میں حاکم بنے رہنے کی کئی تجاویز پیش کیں لیکن میری سبھی درخواستوں کو ٹھکرا دیا گیا۔ جب اس نے حقیقت سے قطعی طور پر منہ موڑ لیا اور مجھے اس کی طرف سے زیادہ خطرہ محسوس ہونے لگا تو میں نے بھی مجبور ہو کر بادشاہ کے خلاف تلوار اٹھائی اور اپنی طاقت سے سنبھل تک کے مغل صوبوں کو روند کر اپنے قبضہ میں کر لیا۔ اب آپ لوگ خود فیصلہ کیجیے کہ میں کس لیے بادشاہ سے سمجھوتہ کروں۔ اس وقت وہ مجھ سے دوستی اور صلح کا خواہش مند ہے کیوں کہ اس کے پاس گھوڑوں اور دیگر فوجی ساز و سامان کی کمی ہے۔ دوسرے اس کے بھائیوں نے اس کے خلاف بغاوت کر دی ہے۔ مجھے یقین ہے کہ اس وقت وہ اسی دباؤ میں آ کر صلح کرنا چاہتا ہے۔ ایک بار جب اس نے بھائیوں کی بغاوت کو کچل دیا اور اپنی فوجوں کو پھر سے منظم کر لیا تو وہ پھر ہم افغانوں پر حملہ کرنے اور ہمیں نیست و نابود کرنے کی کوشش سے باز نہیں آئے گا۔ میرا مشاہدہ اور تجربہ ہے کہ فوجی صلاحیت میں افغان قوم مغلوں سے کہیں افضل و برتر ہے لیکن باہمی نفاق کے باعث مغل آسانی سے افغانوں کے علاقے اور صوبے ہڑپ کر گئے۔ اگر آپ سب

بھائیوں کے اجازت ہو تو میں بادشاہ کی صلح کی تجویز نامنظور کر کے اعلان جنگ کر دوں اور میدان جنگ میں تقدیر آزمائی کروں۔"

سب افغانوں نے ایک آواز ہو کر شیر خاں کو جواب دیا: "آپ کی قیادت میں افغانوں کے باہمی اختلافات اور جھگڑے ختم ہو چکے ہیں آپ کی ہمت افزائی اور دانش مندی سے ہم سب یک جہتی اور اتفاق کے دھاگے میں بندھ گئے ہیں۔ ہم آپ کو یقین دلاتے ہیں کہ مغلوں کے خلاف ہتھیار اٹھانے میں ہم وفاداری اور بہادری سے آپ کا ساتھ دیں گے۔ بادشاہ سے جنگ کے ارادے کا ہم استقبال کرتے ہیں۔ آپ بسم اللہ کیجیے۔"

شیر خاں نے ہمت افزائی کرتے ہوئے کہا: "میں ہمایوں سے کسی بھی حال میں صلح نہیں کروں گا۔ اور بقول میاں نظامی، قادر مطلق، خداوند تعالےٰ کے بھروسے اس کے خلاف اعلان جنگ کروں گا۔" اس خفیہ کونسل سے مشورے کے بعد اس نے اپنے سرداروں کو احکامات دیے کہ وہ اپنی فوجوں کی اس طرح صف بندی کریں جیسے انھیں جلد ہی مہرتا کے حملے کا سامنا کرنا ہے۔ کہا جاتا ہے کہ ابھی ایک پہر رات باقی تھی کہ اس نے اپنی تمام فوج کو مہرتا کے علاقے کی سمت کوچ کرنے کا حکم دیا۔ ڈھائی کوس چلنے کے بعد اس نے فوج کو روک دیا اور اس سے مخاطب ہو کر کہا: "دو دن تک میں تمھیں پڑاؤ سے باہر اتنی دور لاتا رہا ہوں اور پھر واپس لے جاتا رہا ہوں تاکہ بادشاہ کو اپنی طرف سے غافل کر سکوں اور اسے یہ شک نہ ہونے پائے کہ میں اس پر حملہ کرنا چاہتا ہوں۔ اب تم لوگوں کو تیزی سے پلٹ کر مغلوں پر ٹوٹ پڑنا چاہیے اور افغانوں کی حمیت اور غیرت کی خاطر دشمن سے بہادری اور جرأت کے ساتھ ٹکر لینی چاہیے۔ ہمیں ہندوستان کی کھوئی ہوئی آزادی کو دوبارہ حاصل کرنے کا اس سے بہتر موقع نہیں مل سکتا۔" اس کے سپاہیوں نے یقین دلایا کہ اُسے ان کی وفاداری فرض کی ادائیگی اور بہادری پر مکمل یقین اور بھروسا رکھنا چاہیے۔

نمازِ فجر کی ادائیگی اور اللہ تعالےٰ سے فتح و کامرانی کی دعا مانگنے کے بعد شیر خاں نے اپنے فوجی دستوں کی پھر سے صف بندی کی اور نہایت تیزی سے ہمایوں کے پڑاؤ کی جانب پلٹ پڑا تاکہ غفلت میں اس پر حملہ کر سکے۔ جب شیر خاں کی فوج ہمایوں کے قریب آ پہنچی تو ہمایوں کو اس کے سفیر (شیخ خلیل) کا پیغام ملا کہ شیر خاں اپنی تمام فوج کے ساتھ شاہی فوج پر حملے کے لیے بڑھتا آ رہا ہے۔ بادشاہ نے اپنے سرداروں کو حکم دیا کہ افغانوں سے مقابلہ کے لیے مغل فوجوں کو تیار کریں اور وہ خود بھی نماز سے فارغ ہو کر میدانِ جنگ میں آ رہا ہے۔ بیشک ہمایوں اپنی شجاعت و بہادری

کے لیے مشہور تھا اور اس کی ہمت و جرأت کا کوئی مقابلہ نہیں کر سکتا تھا لیکن اپنی جوانی کے غرور اور لاتعداد بہادر مغل فوج اور سورما سرداروں کے بھروسے پر اس نے شیر خاں کی فوجی طاقت کا قطعی خیال نہ کیا۔ نا ہی اس نے اپنی فوج کی مناسب صف بندی کی طرف دھیان دیا۔ وہ یہ بات بھی بھول گیا کہ بنگال میں طویل مدت کے قیام اور وہاں کی مرطوب آب و ہوا نے مغل فوج کو کاہل اور سست بنا دیا ہے۔ اس کے برخلاف شیر خاں جنگ کی چالوں کا ماہر تھا۔ وہ خوب جانتا تھا کہ کس وقت لڑائی شروع کی جائے اور کب اُسے ختم کیا جائے۔ اُسے جنگ میں فتح و شکست' دونوں کا خوب تجربہ تھا۔ کہا جاتا ہے کہ مغل فوج ابھی پوری طرح بیدار بھی نہ ہوئی تھی کہ افغان لشکر نے آگے بڑھ کر اُسے گھیر لیا اور آن کی آن میں تہ تیغ کرنا شروع کر دیا اور راہ فرار اختیار کرنے پر مجبور کر دیا۔ ہمایوں ابھی وضو سے فارغ بھی نہ ہوا تھا کہ اُسے اپنی فوج کی تتر بتر ہو جانے کی اطلاع ملی۔ وہ اس صورت حال سے اتنا گھبرایا کہ اپنے اہل و عیال کی حفاظت کرنا بھی بھول گیا اور سیدھا آگرہ کی سمت بھاگ کھڑا ہوا۔ اس کا منصوبہ یہ تھا کہ دارالخلافہ میں پہنچ کر پھر سے اپنی فوجوں کو جمع کرے اور دشمن کا خاتمہ کرنے کے لیے اس پر پھر چڑھائی کرے۔

جب ہمایوں کی ملکہ اور دوسری بیگمات پردے سے باہر لائی گئیں تو شیر خاں اپنے گھوڑے سے نیچے اتر پڑا۔ اس نے ان بیگمات کو تسلی دی اور ان کے ساتھ نہایت عزت و احترام سے پیش آیا۔ اس کے بعد شیر خاں نے نماز شکرانہ ادا کی اور دیر تک دونوں ہاتھ اٹھائے اشکبار آنکھوں سے اللہ تعالےٰ کے حضور اس کے احسان و کرم کا اعتراف و اظہار کرتا رہا۔ اس کے بعد اس نے اپنی فوج میں اعلان عام کروایا کہ کوئی بھی افغان فوجی کسی بھی مغل عورت' بچے یا لونڈی کو ایک رات کے لیے بھی اپنے خیمہ میں نہ رکھے۔ اگر کسی افغان فوجی کے پاس مغل فوج کی کوئی بھی عورت ہو تو وہ اُسے فوراً ملکہ کے سرا پردہ میں پہنچا دے۔ شیر شاہ کے ان سخت احکام کی خلاف ورزی کی کسی بھی سپاہی میں ہمت نہ تھی۔ رات ہونے سے قبل ہی سب خواتین ملکہ کے خیمہ میں پہنچ گئیں۔ ان سب کو معقول مقدار میں جنس اور غلہ مہیا کیا گیا۔ کچھ مدت بعد شیر خاں نے ملکہ اور شاہی اہل و عیال کو حسین خاں نیرک کی نگرانی میں روہتاس بھیج دیا۔ لیکن دوسری مغل بیگمات کے لیے مناسب سواریوں کا انتظام کر کے انھیں آگرہ روانہ کر دیا۔ [1]

---

[1] نعمت اللہ کے بقول یہ واقعہ ۹۴۶ھ ماہ محرم (مارچ ۱۵۳۹ء) میں پیش آیا تھا۔

اس فتح کے بعد شیر خاں نے حضرت اعلیٰ کا خطاب اپنایا۔ اب اس کی قسمت کا ستارہ عروج پر پر تھا۔ اس نے اپنے اہل کاروں کو حکم دیا کہ وہ اس کے صوبے کے ہر حصے میں اس کی فتح کا اعلان کریں۔ عمر خاں کے بیٹے مسندِ اعلیٰ عیسیٰ خاں نے، جسے سلطان بہلول نے خانِ اعظم کا خطاب دیا تھا اور جو تاتار خاں یوسف خیل کی موت کے بعد لاہور کا صوبہ دار تھا، شیر خاں کو مشورہ دیا: "آپ کو اس فتح کی اطلاع اپنے مقبوضہ علاقوں میں بطور فرمان بھیجنی چاہیے۔" شیر خاں نے جواب دیا: "آپ لوگ سلطان بہلول اور سلطان سکندر کے وقت کے محترم سردار ہیں۔ آپ لوگوں نے افغان قوم کا وقار و عظمت اور اس کی سر بلندی کے لیے میری مدد کر کے مجھ پر احسانِ عظیم فرمایا ہے، اس لیے مجھے یہ زیب نہیں دیتا کہ میں آپ لوگوں کے پاس فرمان بھیجوں۔ میں یہ بھی مناسب نہیں سمجھتا کہ بادشاہ بن کر تخت شاہی پر بیٹھوں اور آپ لوگ میرے روبرو کھڑے رہیں۔ اس کے علاوہ ہمایوں زندہ بچ کر نکل گیا ہے اور اب بھی ہندوستان کے وسیع علاقے پر اس کی حکومت باقی ہے۔" مسندِ اعلیٰ عیسیٰ خاں نے اپنے جذبات کا اظہار کرتے ہوئے کہا: "میری دلی تمنا ہے کہ میں تخت شاہی پر آپ کو رونق افروز دیکھوں۔ سلطان بہلول اور اس کے جانشینوں نے اپنے افغان سرداروں کی عزت و احترام کو ملحوظ رکھتے ہوئے تخت پر بیٹھنا نامنظور کر دیا تھا۔ مگر درحقیقت یہ ان کی زبردست بھول تھی۔ اس طرح انھوں نے حکمرانی کے اصولوں کی خلاف ورزی کی۔ خداوند کریم جس شخص کو عام انسانوں سے بہتر سمجھ کر سرفراز فرماتا ہے اور بادشاہ بنا کر تخت عطا فرماتا ہے، اس شخص پر یہ فرض عائد ہو جاتا ہے کہ اپنے سے قبل حکمرانوں کے مانند عوام سے شفقت و محبت کا سلوک کرے۔" اس کے بعد اعظم ہمایوں سروانی نے کہا: "مغل دو پشتوں سے اس ملک پر حکومت کر رہے ہیں۔ وہ افغانوں سے نفرت کرتے ہیں اور جنگ کے میدان میں انھیں اپنے سے کم تر سمجھتے رہیں۔ آج محض آپ کی ذہانت اور قیادت کے باعث افغانوں نے انھیں شکست دے دی ہے۔" اس پر بیّن لودی اور دیگر افغان سردار بیک آواز بولے: "افغان سرداروں میں مسندِ اعلیٰ عیسیٰ خاں اور ہمایوں اعظم سروانی ایک ممتاز حیثیت رکھتے ہیں۔ انھوں نے جو کچھ کہا ہے وہ سو فیصد درست ہے اور موقع محل کے مناسب ہے۔ اب آپ کو مسندِ بادشاہت کو رونق بخشنے میں دیر نہیں کرنی چاہیے۔" افغانوں سرداروں کے اس متفقہ فیصلے سے شیر خاں کو بے حد مسرت ہوئی، پھر بھی اس نے نہایت نرمی سے کہا: "تخت شاہی پر بیٹھنا ایک نہایت غیر معمولی اقدام ہے اور اس میں حد سے زیادہ مشکلات کا سامنا ہے۔ لیکن چوں کہ میرے بزرگ اور دانش مند سردار مجھے اس ذمہ داری کو قبول کرنے کے لیے مجبور کر رہے ہیں، اس لیے میں ان کی یہ تجویز منظور کرتا ہوں۔" اس نے نجومیوں کو حکم دیا کہ تخت نشینی کے لیے کسی نیک ساعت کا انتخاب کریں۔ نجومیوں نے

زائچے تیار کر کے اطلاع دی: "آپ کے زائچے کے مطابق آپ کی تخت نشینی کی مبارک و مسعود ساعت آپہنچی ہے۔ اگر آپ اب تاج شاہی سر پر رکھ لیتے ہیں تو انشاء اللہ آپ کی فاتح فوج کو کوئی طاقت زیر نہیں کر سکے گی اور طاقت ور سے طاقت ور دشمن کو بھی آپ کے قدموں میں سر جھکانے کے لیے مجبور ہونا پڑے گا۔" چنانچہ نجومیوں کے بتائے ہوئے وقت کے مطابق وہ تخت نشین ہوا اور تاج شاہی سر پر رکھا اور اپنے لیے شیر شاہ کا خطاب اختیار کیا۔ اپنے نام کے سکے جاری کیے اور خطبہ پڑھوایا۔ کہا جاتا ہے اس نے شاہ عالم کا لقب بھی اختیار کیا تھا[1]۔ اب شیر شاہ نے عیسیٰ خاں سے کہا "آپ شیخ ملاحی کے فرزند ہیں۔ آپ کے ہی ارشاد کے مطابق میں نے اپنے نام کا خطبہ اور سکے جاری کیے ہیں اس لیے مناسب ہوگا اگر آپ اپنے قلم سے اس فتح کا اعلان مرقوم فرمائیں۔ اس کی نقل دوسرے منشی اور کاتب صاحبان کریں گے۔" عیسیٰ خاں نے بادشاہ کی منشا کے مطابق اپنے ہاتھ سے فرمان لکھا اور اس کی نقل دوسرے کاتبوں نے کی۔ متواتر سات دن تک خوشی کے شادیانے بجتے رہے اور جشن عام منایا گیا۔ ہر سمت افغان نوجوان مست ہو کر رقص و سرود میں مشغول رہے کیوں کہ افغانوں میں اس طرح کے جشن کے موقعوں پر یہی رواج ہے۔

شیر شاہ نے خود ہمایوں کا تعاقب کیا اور کالپی اور قنوج تک کے تمام علاقے پر اپنا قبضہ جما لیا۔ اس نے خواص خاں کو پھر مہرتا چیرو کو مکمل طور پر نیست و نابود کرنے کے لیے روانہ کیا۔ اس وقت بنگال میں جہانگیر قلی بیگ کا بول بالا تھا۔ اس کے پاس چھ ہزار گھوڑ سوار فوج تھی اس لیے شیر شاہ نے حکم دیا کہ اس سے جنگ کی جائے اور شکست دے کر موت کے گھاٹ اُتار دیا جائے۔ اس نے شہنشاہ ہمایوں کے حمایتی سبھی سرداروں کو آزاد کر دیا سوائے شیخ خلیل کے۔ اس نے شیخ خلیل کو اپنا معتمد مشیر اور دوست بنا لیا۔ اس نے عیسیٰ خاں کو گجرات اور مانڈو کی طرف روانہ کیا اور وہاں کے سبھی سرداروں کے نام اس مضمون کا خط بھجوایا۔ "میں اپنے بیٹے کو ایک فوج کے ساتھ آپ کے علاقہ کی طرف بھیجنے کا ارادہ کر رہا ہوں۔ میری خواہش ہے کہ جس وقت بادشاہ ہمایوں قنوج کی طرف پیش قدمی کرے اس وقت آپ سب میرے بیٹے کی مدد کریں اور آگرہ و دہلی کے آس پاس کے علاقوں کو اجاڑ کر اپنے قبضے میں کر لیں۔ کیا آپ لوگ میرے اس منصوبے سے اتفاق کرتے ہیں؟" اس وقت ملو خاں، مانڈو، سارنگ اور اُجین کا سلطان تھا۔ اس نے قادر شاہ کا لقب اختیار کر لیا تھا۔ رائے سین اور چندیری میں صلاح الدین کے پوتے

---

[1] واقعات مشتاقی میں بھی اس کا یہی خطاب درج کیا گیا ہے۔ لیکن شیر شاہ کے سکوں سے پتہ چلتا ہے کہ اس کا خطاب سلطان العادل تھا۔ دیکھئے کرانیکلس آف پٹھان کنگس۔ تھامس ص ۳۹۵

اور بھوپت شاہ کے فرزند راجا پرتاپ (جو نابالغ تھا) کا سرپرست بن کر بھیلا پورن مل حکومت کر رہا تھا۔ دلواس میں سکندر خاں حاکم تھا اور بھوپال پر مہیشور کا راج تھا۔ ان سب حکمرانوں نے باہمی صلاح و مشورہ کے بعد شیر شاہ کو جواب بھیجا کہ آپ کے بیٹے کے پہنچنے پر ہم سب ہر طرح کی مدد کے لیے حاضر ہیں۔ اس جواب کو مانڈو کے سلطان ملو شاہ نے اپنی مہر لگا کر شیر شاہ کی خدمت میں ارسال کر دیا۔ شیر شاہ کو جب یہ خط ملا تو اس نے خط تو پھاڑ دیا مگر (طنزاً احترام و اخلاص ظاہر کرتے ہوئے) مہر والا حصہ اپنی دستار میں لگا لیا۔

جب عیسیٰ خاں گجرات پہنچا تو وہاں کا حکمراں سلطان محمود کم عمر تھا اور حکومت کا سارا انتظام اس کے وزیر دریا خاں کے ہاتھ میں تھا۔ اس نے گجرات کی صورت حال کی تفصیل عیسیٰ خاں کو تحریر کرتے ہوئے لکھا: "ہمارے سلطان کم عمر ہیں۔ ریاست کے تمام سردار باہمی رنجشوں اور حرص و ہوس کا شکار ہیں۔ گجرات اور مانڈو کی پوری فوج کو خان خاناں یوسف خیل اپنے ہمراہ لے جا چکے ہیں۔" عیسیٰ خاں نے یہ تمام رپورٹ جوں کی توں شیر شاہ کی خدمت میں بھیج دی اور لکھا: "خان خاناں یوسف خیل ہی وہ شخص ہے جو ہمیشہ افغانوں کی بدبختی اور تباہی کا موجب بنا ہے۔ شہنشاہ بابر کو کابل سے ہندوستان بُلانے والا بھی یہی شخص تھا اور اگر ہمایوں نے اس کے مشوروں پر عمل کیا ہوتا تو آج نقشہ کچھ اور ہی ہوتا۔ لیکن آپ کی خوش نصیبی ہے کہ ہمایوں نے اس کی بات نہ مانی۔ اب میری رائے یہ ہے کہ خان خاناں کا قصہ ہمیشہ کے لیے پاک کر دینا چاہیے۔ اُسے مونگیر میں قیدی بنائے رکھنا کافی نہیں ہے اب اُسے زیادہ دن تک زندہ نہیں رہنا چاہیے۔" شیر شاہ نے خط پڑھ کر کہا: "اگرچہ ہر افغان کی رائے ہے کہ خان خاناں بے حد عقلمند سردار ہے اور اس کا قتل مناسب نہیں۔ لیکن میں عیسیٰ خاں کی رائے سے متفق ہوں۔" چنانچہ اس نے خان خاناں یوسف خیل کے قتل کا حکم صادر کر دیا۔ خان خاناں کو مونگیر کی لڑائی میں قیدی بنایا گیا تھا اور اُسے روزانہ آدھے سیر جو کھانے کے لیے دیے جاتے تھے۔ شیر شاہ کے حکم سے اُسے قتل کر دیا گیا۔

اسی اثنا میں خبر آئی کہ شہنشاہ ہمایوں قنوج پر حملہ کرنے کی تیاری کر رہا ہے۔ شیر شاہ نے اپنے بیٹے قطب خاں کو کچھ لشکر کے ساتھ مانڈو کی سمت بھیجا تاکہ وہاں کے حاکموں کی متحدہ کوشش سے آگرہ اور دہلی تک کے تمام صوبوں کو فتح کر لے اور وہاں قرب و جوار میں بدامنی پھیلائے۔ جب ہمایوں کو شیر شاہ کے ان ارادوں کی اطلاع ملی تو اس نے مرزا ہندال، مرزا عسکری اور دوسرے سرداروں کو اس طرف روانہ کیا۔ چنانچہ مالدہ کے سرداروں نے ہمایوں کے دونوں بھائیوں اور دوسرے سرداروں کی آمد کی خبر سنتے ہی قطب خاں کی مدد کرنے سے انکار کر دیا۔ قطب خاں چند یری سے

چونتھا[1] کی طرف بڑھا جہاں مغلوں نے افغانوں کو شکست دی۔ اس فتح کے بعد مرزا ہندال اور مرزا عسکری پھر ہمایوں سے آکر مل گئے۔

جب شیر شاہ کو خبر ملی کہ مانڈو کے حکمرانوں نے قطب خاں کی کوئی مدد نہیں کی جس کے نتیجے میں قطب خاں جنگ میں ہلاک ہوگیا تو وہ بے حد رنجیدہ ہوا اور اس کا دل ان لوگوں کے خلاف غم و غصہ سے بھر گیا۔ لیکن اس نے اپنے جذبات کو قطعی ظاہر نہ ہونے دیا۔ اس فتح کے بعد مغل فوج کی کھوئی ہوئی خود اعتمادی بحال ہوگئی۔ ہمایوں نے اپنے وطن سے مزید مغل فوج طلب کرلی اور اس طرح اس کے پاس ایک خود اعتماد اور بے حد عظیم الشان فوج جمع ہوگئی۔ اس نے از سر نو اس کی تنظیم کی اور ذیقعدہ سنہ ۹۴۶ھ (اپریل سنہ ۱۵۴۰ء) میں قنوج پہنچ گیا۔ اُدھر شیر شاہ نے بھی گنگا کے دوسرے کنارے پر اپنی فوجوں کو صف بستہ کر رکھا تھا۔ اسی دوران شیر شاہ کو خوش خبری ملی کہ خواص خاں نے مہرتا کو جنگ میں شکست دے کر ہلاک کر ڈالا ہے۔ اس فتح کی خوشی میں افغان فوج نے بے حد جوش و خروش سے جشن منایا۔ شیر شاہ نے خواص خاں کے پاس پیغام بھیجا: "تم بلا تاخیر کوچ کر کے مجھ سے آن ملو۔ میں اور تمہارے تمام دوست بے چینی سے تمہارے منتظر ہیں۔ ہماری خواہش ہے کہ ہمایوں کے ساتھ جنگ کے آغاز سے قبل تم یہاں پہنچ جاؤ۔ ہم سب کی نظریں تم پر لگی ہیں۔"

جب شیر شاہ کو خواص خاں کے نزدیک پہنچنے کی اطلاع موصول ہوگئی تو اس نے شہنشاہ ہمایوں کے پاس پیغام بھیجا: "میں کچھ عرصے سے اپنی فوج کے ساتھ دریا کے اس کنارے پر مقیم ہوں۔ اب فیصلہ کا انحصار مرضی مبارک پر موقوف ہے۔ آیا آپ گنگا پار کر کے مجھ سے جنگ کرنا پسند کریں گے۔ یا اگر آپ حکم دیں تو میں دریا عبور کر کے ادھر حاضر ہو سکتا ہوں۔ بہرحال اس سلسلے میں میں آپ کی مرضی کو مقدم خیال کرتا ہوں۔" ہمایوں نے شیر شاہ کا پیغام سن کر سفیر سے نہایت حقارت سے کہا: "شیر خاں سے کہو اگر وہ چند کوس پیچھے ہٹ جائے تو ہم خود دریا پار کر کے اس سے جنگ کرنے آئیں گے۔" جب شیر شاہ کو بادشاہ کا یہ جواب ملا تو وہ گنگا کے کنارے سے کئی کوس پیچھے ہٹ گیا۔ اس کے عقب میں چلے جانے کے بعد ہمایوں نے دریا پر پل بنوایا اور اس کی مدد سے گنگا کو عبور کیا۔ ہمایوں کے دریا عبور کرتے وقت شیر خاں کے ایک سردار حمید خاں ککڑ نے صلاح دی کہ مغل فوج پر پوری طرح دریا عبور کرنے سے قبل ہی حملہ کر دینا چاہئے۔ لیکن شیر خاں نے اس کے مشورے کو مسترد کرتے ہوئے کہا:

---

[1] یہ نام کافی مشتبہ ہے۔ خاندان تیموریہ کے مؤرخوں کے مطابق یہ جنگ کالپی میں ہوئی تھی۔

"میں آج سے پہلے کبھی اتنی مضبوط پوزیشن میں نہیں تھا۔ اس سے قبل کچھ لڑائیوں میں مجھے مجبوراً دھوکے اور فریب کا سہارا لینا پڑا تھا۔ مگر اب جب کہ حالات میرے موافق اور سازگار ہیں، مجھے ایسا قدم اٹھانا زیب نہیں دیتا۔ خداوند کریم کے فضل سے آج میری فوج ہمایوں کی فوج سے کسی بھی حالت میں کم تر نہیں ہے۔ میں وعدہ شکنی نہیں کروں گا۔ جب ہمایوں کی پوری فوج دریا پار کر لے گی تبھی اس پر یلغار کروں گا۔ میں کسی فریب کا سہارا نہیں لوں گا۔ جنگ کا انجام وہی ہوگا جو خدا کو منظور ہوگا۔"[1]

جب ہمایوں کی تمام فوج نے گنگا پار کر لی تو شیر خاں اپنی فوج کے ساتھ لوٹ آیا اور پہلے سے سوچی سمجھی اسکیم کے مطابق ہمایوں کی فوج کے قریب ہی مٹی کی دیوار تعمیر کر کے اس کے پیچھے اپنی فوج کی صفیں آراستہ کر لیں۔

---

[1] تاریخ شیر شاہی۔ عباس سروانی

افغان فوج کی فتح

کچھ دن بعد خواص خاں بھی وہاں آپہنچا۔ اس کے آتے ہی شیر خاں نے جنگ کا نقارہ بجوادیا۔ اس نے بادشاہ کی فوج میں جانے والی رسد کو روک دیا اور تین سو اونٹوں اور متعدد بیل گاڑیوں پر بھی قبضہ کرلیا۔ ماہ محرم ۹۴۷ھ کی دسویں تاریخ کو[1] دونوں فوجیں ایک دوسرے کے مقابل تھیں۔ شیر شاہ اپنی فوج کے قلب میں تھا۔ اس کے ساتھ ہیبت خاں نیازی (جس کا خطاب 'اعظم ہمایوں تھا) اور مسند اعلیٰ عیسیٰ خاں جیسے مشہور سردار تھے۔ دائیں بازو کی کمان شیر شاہ کا بیٹا جلال خاں کر رہا تھا جو شیر شاہ کے بعد ہندوستان کا بادشاہ بنا اور اسلام شاہ کے لقب سے حکومت کی۔ اس کے ساتھ تاج خاں، سلیمان خاں کرانی، جلال خاں جلوئی اور دیگر افغان سردار تھے۔ فوج کا بایاں بازو شیر خاں کے دوسرے بیٹے عادل خاں کی سپہ سالاری میں تھا اور اس کے ساتھ قطب خاں نائب، رائے حسین جلوانی وغیرہ مشہور سردار تھے۔ فوج کو اس طرح صف آرا کرنے کے بعد شیر شاہ نے تمام افغان سرداروں اور سپاہیوں کو خطاب کرتے ہوئے کہا: "آپ سب کو اعلیٰ قسم کی فوجی تربیت بہم پہنچانے میں میں نے کوئی دقیقہ فرو گزاشت نہیں کیا۔ جس دن کے لیے یہ تیاری کی گئی تھی، وہ دن آپہنچا ہے۔ آج آپ کے امتحان کی گھڑی ہے۔ اس جنگ میں آپ میں سے جو کوئی بھی بہترین قابلیت اور بہادری کا مظاہرہ کرے گا اسے میں اعلیٰ عہدہ سے سرفراز کروں گا۔" شیر خاں کی اس پرجوش تقریر سے تمام افغانوں کا حوصلہ دہ چند ہوگیا۔ انھوں نے ایک زبان ہوکر بہ آواز بلند کہا: "ایک مضبوط اور عالی ہمت آقا کی طرح آپ نے ہمیشہ ہمارے مفادات کو پیش نظر رکھا ہے اور ہمیں منظم اور متفق و متحد کرکے ہم میں ایک نیا ولولہ اور جوش پیدا کیا ہے۔ اب ہمارا بھی فرض ہے کہ اپنی جان کی بازی لگا کر اس جنگ

---

1. ۱۷ مئی سنہ ۱۵۴۰ء

میں آپ کی خدمت کریں۔ ہم عہد کرتے ہیں کہ اپنی شجاعت و طاقت کا پورا ثبوت دیں گے۔" شیر شاہ نے اپنے سرداروں کو اپنی اپنی فوج کے ساتھ کھڑا رہنے کا حکم دیا۔ اس نے خود ہر صف کے قریب جا کر معائنہ کیا اور جنگ کے لیے آمادہ رہنے کا حکم دیا۔

جنگ کی ابتدا

سب سے پہلے خواص خاں کی فوج نے شہنشاہ ہمایوں کی فوج پر حملہ کر کے ان کی دفاعی صفوں کو درہم برہم کر ڈالا۔ لیکن شیر شاہ کی دایئں بازو کی فوج پر، جس کی کمان جلال خاں کے ہاتھ میں تھی ہمایوں کی فوج کا اتنا زبردست حملہ ہوا کہ کئی سردار مارے گئے۔ پھر بھی جلال خاں، میاں ایوب کلکا پور سروانی اور غازی محلی جیسے سرداروں نے اپنی جگہ نہ چھوڑی۔ یہ دیکھ کر شیر شاہ نے خود جلال خاں کی مدد کو جانے کا ارادہ کیا۔ لیکن نائب قطب خاں لودی نے ایسا کرنے سے منع کیا اور کہا آپ کو اپنی جگہ سے نہیں ہلنا چاہئے ورنہ لوگ سمجھیں گے ہمارا قلب بھی منتشر ہو گیا ہے آپ تو براہِ راست دشمن کے قلب پر جا کر حملہ کیجئے۔" جو شیر شاہ کی فوج آگے بڑھی تو اس کا سامنا ہمایوں کی فوج کی اس ٹکڑی سے ہوا جس نے ابھی ابھی افغان فوج کے دایئں بازو میں بھگدڑ مچادی تھی۔ اس فوج پر شیر شاہ کا اتنا زبردست حملہ ہوا کہ وہ عقب میں جانے کے لیے مجبور ہو گئی۔ حتیٰ کہ ہمایوں کی فوج کے قلب (وسطی حصہ) میں پہنچ گئی اور یوں قلب کا حصہ بھی اور پیچھے ہٹ گیا۔ ادھر عادل خاں اور قطب خاں کے سپاہیوں نے اپنے سامنے سے ہمایوں کی فوج کو ہٹا دیا تھا اور شیر شاہ کی فوج عادل خاں کی فوج کے ساتھ مل کر مغل شہنشاہ کے قلب پر ٹوٹ پڑی۔ اسی درمیان جلال خاں کی منتشر فوج نے پلٹ کر پھر سے صف بندی کی اور اس طرح تین طرف سے افغان فوجوں نے ہمایوں کی فوج کا محاصرہ کر لیا۔

اس جنگ میں شیر شاہ کے بیٹوں اور دیگر افغان سرداروں نے غیر معمولی شجاعت کا مظاہرہ کیا خاص طور پر ہیبت خاں نیازی اور خواص خاں نے قابلِ تعریف جرأت اور بہادری دکھائی۔ ان دونوں سورماؤں نے خون کی پیاسی تلواروں اور نیزے کے واروں سے مغلوں کے چھکے چھڑا دیے اور انھیں پیچھے ہٹنے پر مجبور ہونا پڑا۔ لیکن اتنی زبردست یلغار اور حملے کے باوجود ہمایوں اپنے ہاتھی پر پہاڑ کی طرح جم کر جنگ میں مشغول رہا اور اس کے قدموں میں ذرا لغزش نہ آئی۔ اس جنگ میں اس نے بے پناہ دلیری اور ثابت قدمی کا ثبوت دیا۔

جب ہمایوں نے دیکھا جنگ کا پانسہ اس کے خلاف پڑ رہا ہے اور افغان سورما اپنی جانوں

کی بازی لگا کر جنگ لڑ رہے ہیں تو اس نے رضائے الٰہی کے آگے سر جھکا دیا اور جنگ سے رُخ موڑ لینے کا ارادہ کیا۔ اس نے میدان جنگ کو اپنے بہادر سرداروں اور سپاہیوں کے سپرد کیا اور خود اپنی راج دھانی آگرہ کا رُخ کیا۔ اس خوں ریز جنگ میں خود اس کے جسم پر تو کوئی زخم نہیں آیا لیکن اس کی عظیم فوج کا بیشتر حصہ دریائے گنگا کی لہروں کی بھینٹ چڑھ گیا۔ مخزنِ افغاناں اور تاریخ خان جہاں کے مطابق دریائے گنگا پر ایک پل تھا۔ پل اس زبردست بوجھ کو سہار نہ سکا اور ٹوٹ گیا۔ یہی وجہ تھی کہ مغلوں کی عظیم فوج کا بیشتر حصہ تباہ ہوگیا۔ سبھی مورخ اس بات پر تو متفق ہیں کہ دریائے گنگا پر ایک پُل تھا جس پر سے مغل افواج نے دریائے گنگا کو مشرقی کنارے سے عبور کیا تھا لیکن لڑائی ہار کر بھاگتے وقت بھی اس پُل کو استعمال کیا تھا، اس امر کو چند مورخ ہی تسلیم کرتے ہیں۔ خود شہنشاہ ہاتھی پر سوار ہو کر میدانِ جنگ سے فرار ہوا تھا اور ہاتھی نے بڑی مشکل سے تیر کر دریا پار کیا تھا۔ مغلوں کے فرار ہو جانے کے بعد شیر شاہ نے بے فکر ہو کر کامل وثوق کے ساتھ شجاعت خاں کو جسے وہ بہار اور روہتاس میں گورنر مقرر کر آیا تھا، حکم بھیجا کہ فوراً گوالیار کے قلعہ پر قبضہ کر لیا جائے۔ اس فرمان کو لے جانے والے ایلچی سے اس نے یہ بھی کہا: "شجاعت خاں کا بیٹا محمود خاں اس جنگ میں ہلاک ہوگیا ہے۔ تم یہ خبر شجاعت خاں کی روہتاس سے روانگی سے قبل نہ سنانا کیوں کہ ممکن ہے بیٹے کی مرگ ناگہانی کے صدمے سے وہ وہاں سے روانگی میں تاخیر کرے۔" شجاعت خاں کو جیسے ہی شیر شاہ کا پیغام ملا اس نے فوراً کوچ کر کے گوالیار کے قلعہ پر قبضہ کر لیا۔ قنوج سے شیر شاہ نے بہت بڑی فوج کے ساتھ براہم جیت گوڑ کو آگے روانہ کر دیا اور اسے حکم دیا کہ حالات کا اچھی طرح جائزہ لیے بغیر شہنشاہ ہمایوں سے لڑائی مول نہ لے۔ اس نے ایک دوسری فوج ناصر خاں کی کمان میں سنبھل کی جانب بھیجی اور قنوج کے اردگرد کے علاقوں میں انتظام درست کر کے خود آگرہ کا رُخ کیا۔

ہمایوں آگرے میں

آگرہ پہنچ کر ہمایوں نے سید امیر الدین سے کہا: "افغانوں نے شاہی فوج کو شکست نہیں دی بلکہ میں نے ان کی طرف سے درویشوں کو جنگ کرتے دیکھا ہے اور ان کے سامنے شاہی فوج کیا کر سکتی تھی۔" یہی بات بادشاہ نے سرہند پہنچ کر شیخ محی الدین سرہندی سے بھی دہرائی تھی۔ جب ہمایوں کو اطلاع ملی کہ شیر شاہ آگرہ پہنچ گیا ہے تو اس کے لیے وہاں ٹھہرنا دشوار ہوگیا اور وہ لاہور کے لیے روانہ ہوگیا۔ شیر شاہ براہم جیت گوڑ پر بے حد ناراض ہوا اور اسے سخت سست کہا۔

وہ خود کچھ دن کے لیے آگرہ میں رُک گیا لیکن برہم جیت گوڑ اور خواص خاں کو کثیر فوج کے ساتھ ہمایوں تعاقب میں روانہ کر دیا۔ جب شیر شاہ آگرہ سے دہلی آیا تو سنبھل کے کئی معززین نے ناصر خاں کے خلاف شکایتیں پیش کیں کہ اس کے ظلم و ستم سے رعایا بے حد پریشان و نالاں ہے۔ شیر شاہ نے ان لوگوں کی دل جوئی کرتے ہوئے قطب خاں سے کہا، "سنبھل کے لیے ہمیں کسی ایسے شخص کو منتخب کرنا چاہیے جو بہادر ہونے کے ساتھ ساتھ منصف مزاج بھی ہو تاکہ رعایا پر ظلم نہ ہو سکے۔ اس علاقے میں بہت سے باغی بھی پناہ لیے ہوئے ہیں اس لیے یہاں کے صوبہ دار کو بے حد دلیر ہونا چاہیے تاکہ وہ ان سب کو قابو میں رکھ سکے۔" قطب خاں نے کہا: "اس عہدے کا اہل صرف عیسیٰ خاں کلکاپوری ہو سکتا ہے کیوں کہ اس میں یہ سب صفات بدرجہ اتم موجود ہیں۔" شیر شاہ نے اپنی رضامندی کا اظہار کرتے ہوئے قطب خاں کو عیسیٰ خاں کے پاس پیغام دے کر بھیجا کہ اگر اُسے منظور ہو تو اُسے سنبھل کا حاکم مقرر کر دیا جائے گا جسے عیسیٰ خاں نے بخوشی قبول کر لیا۔

سنبھل کی ریاست کے علاوہ شیر خاں نے عیسیٰ خاں کو اس کے اہل و عیال کی کفالت کے لیے کنت اور گولا کے پرگنے بھی عطا کیے نیز پنج ہزاری کا منصب بھی عطا کیا اور ناصر خاں کو اس کا ماتحت (نائب) حاکم مقرر کر دیا۔ سنبھل کی عنان حکومت عیسیٰ خاں کو سونپتے وقت شیر خاں نے اس کی لیاقت اور قابلیت کا اعتراف کرتے ہوئے کہا: "اب مجھے دلّی سے لے کر لکھنؤ تک کے صوبوں کے بارے میں قطعی کوئی فکر نہیں ہے۔" عیسیٰ خاں کو سنبھل پہنچنے پر معلوم ہوا کہ ناصر خاں نے بیرم بیگ کو قیدخانے میں ڈال رکھا ہے۔ بیرم بیگ کے پاس شہنشاہ ہمایوں کی شاہی مہر رہتی تھی اور بعد میں اکبر کے زمانے میں اُسے خان خاناں کا خطاب بھی عطا کیا گیا۔ بیرم بیگ کے سنبھل میں رہنے کی وجہ یہ تھی کہ جس وقت ہمایوں کی فوج شیر شاہ سے شکست کھا کر بھاگی تو بیرم بیگ نے سنبھل کے معزز امیر اور اپنے نہایت قریبی دوست عبدالوہاب کے گھر میں پناہ لی۔ ناصر خاں کے خوف سے عبدالوہاب نے انھیں اپنے گھر میں رکھنا مناسب نہ سمجھ کر لکھنؤ کے راجا مترسین کو سونپ دیا۔ راجا نے کچھ عرصے تک اپنی ریاست کے شمالی علاقے میں، جہاں بے حد گھنا جنگل تھا، انھیں چھپا کر رکھا لیکن جب ناصر خاں کے علم میں یہ واقعہ آیا تو اس نے فوراً راجا کو حکم دیا کہ بیرم بیگ کو اس کے سامنے حاضر کیا جائے۔ ناصر کا پیغام ملتے ہی راجا مترسین نے شیر شاہ کے خوف اور دہشت سے بیرم بیگ کو ناصر خاں کے حوالے کر دیا۔ ناصر خاں اسی وقت بیرم بیگ کو قتل کر ڈالنا چاہتا تھا۔ جب میاں عبدالوہاب کو عیسیٰ خاں کی آمد کا علم ہوا، تو وہ فوراً اس کے پاس پہنچا۔ سلطان سکندر کے زمانے سے ہی

عیسیٰ خاں اور عبدالوہاب میں گہری رفاقت تھی، اس لیے جب اس نے عیسیٰ خاں سے درخواست کی کہ بیرم بیگ کی جان کی حفاظت کرنا اس پر لازم ہے تو اس نے فوراً بیرم بیگ کو ناصر خاں کی قید سے نکال کر اپنے ہاں لاکر پناہ دی اور اس کا روزانہ خرچ مقرر کردیا۔ اس نے راجا متر سین سے اس بات کا عہد لے لیا کہ جب کبھی عیسیٰ خاں، شیر شاہ کی ملاقات کے لیے جائے گا تو بیرم بیگ بھی اس کے ہمراہ جائے گا۔ ؎

بیرم بیگ کی گرفتاری اور رہائی

جب شیر شاہ نے مانڈو اور اجین پر حملہ کیا تو اس نے عیسیٰ خاں کو بھی جنگ میں شرکت کے لیے بلوایا۔ چنانچہ عیسیٰ خاں اپنے ساتھ بیرم بیگ کو بھی لے آیا اور اجین میں شیر شاہ کے دربار میں پیش کیا۔ بیرم بیگ کو دیکھ کر شیر شاہ نے نہایت طیش سے کہا کہ اب تک کہاں چھپا ہوا تھا۔ عیسیٰ خاں نے جواب دیا شیخ ملہی کمل کا گھر اس کی پناہ گاہ تھا تو شیر شاہ نے اُسے معاف کرتے ہوئے کہا افغانوں کا اصول رہا ہے کہ اگر خطرناک ترین مجرم بھی شیخ کے خاندان میں پناہ لے لیتا ہے تو اُسے بخش دیا جاتا ہے۔ چنانچہ اسی دستور پر عمل کرتے ہوئے میں بھی بیرم بیگ کو معاف کرتا ہوں۔" جب شیر شاہ دربار سے رخصت ہونے لگا تو عیسیٰ خاں نے دست بستہ عرض کی آپ نے شیخ کے عزت و احترام کی خاطر بیرم کو معاف کر دیا۔ اُسے میں نے آپ کی خدمت میں حاضر کیا تھا۔ اب میری لاج بھی رکھئے اور میری خاطر اُسے خلعت اور گھوڑا عطا کر کے سرفراز فرمائیے اور محمد قاسم (جو گوالیار کے قلعہ سے دست بردار ہو چکا ہے) کے ساتھ خیمہ لگانے کی اجازت عطا فرمائیے۔ شیر شاہ نے عیسیٰ کی درخواست کو منظور کرتے ہوئے دونوں کو ساتھ رہنے کی اجازت دے دی۔ لیکن جب شیر شاہ نے اجین سے کوچ کیا تو محمد قاسم اور بیرم بیگ موقع پاکر فرار ہوگئے۔ محمد قاسم تو راستے میں ہی قتل کردیا گیا لیکن بیرم بیگ گجرات کی طرف بھاگ نکلنے میں کامیاب ہوگیا۔ گجرات میں شیخ گدائی کی مدد سے، جس کے ساتھ ایک زمانے میں بیرم بیگ نے بہت سلوک کیا تھا، وہ ہمایوں کے پاس پہنچنے میں کامیاب ہوگیا۔

ہمایوں کی موت کے بعد بیرم بیگ نے شیخ گدائی، شیخ عبدالوہاب اور راجا متر سین کے ان احسانوں کا بدلہ انھیں طرح طرح سے نواز کر دیا۔ اس وقت مسند اعلیٰ عیسیٰ خاں بھی زندہ تھا اور اس کی

؎ تاریخ شیر شاہی از عباس سروانی

عمر ۹۰ سال کے قریب تھی۔ اُسے لوگوں نے مشورہ دیا کہ خان خاناں (بیرم بیگ) کے پاس جاؤ لیکن اس نے جواب دیا: "میں اب کسی مادّی منفعت کے لیے مغلوں کی خدمت نہ کروں گا۔ مسند اعلیٰ عمر خاں کی اولاد کا یہ دستور نہیں کہ وہ اپنے احسانوں کا صلہ مانگیں۔" میں نے (عباس سروانی) مولانا محمد بنور اور ان کے رفیق عبدالمؤمن (یہ دونو بیرم بیگ کے گہرے دوستوں میں تھے) سے خود سُنا ہے کہ جب انھوں نے خان خاناں سے پوچھا: "کیا مسند اعلیٰ عیسیٰ خاں نے آپ پر کبھی کوئی احسان کیا تھا؟" بیرم خاں نے یہ سُن کر اپنی احسان مندی یوں ظاہر کی تھی "اس نے میری جان کی حفاظت کی تھی۔ اگر اس وقت وہ میرے پاس آئے تو میں اپنی عزت افزائی سمجھوں گا۔ شاید میں شیر شاہ سے بڑی جاگیر نہ دے سکوں پھر بھی سنبھل کا پرگنہ ضرور نذر کروں گا۔"

تحفۂ اکبر شاہی کے مصنف عباس سروانی اور مسند اعلیٰ عیسیٰ خاں سروانی ایک ہی برادری اور قبیلہ سے تھے۔ عباس سروانی اس کے بھتیجے مظفر خاں کا دوست بھی تھا۔ اس نے جو افغانوں کی تاریخ تحریر کی ہے وہ زیادہ تر انھی حالات پر منحصر ہے جو اُسے خان اعظم مظفر خاں کے ذریعے حاصل ہوئے۔ ان لوگوں کے آبار اجداد سال ہا سال سے ہندوستان کے اعلا عہدوں پر فائز رہتے آئے تھے۔ جب سلطان سکندر نے کسی بنا پر ناراض ہو کر عیسیٰ خاں کے بیٹے ہیبت خاں کو ملازمت سے بے دخل کر دیا تو عیسیٰ خاں مانڈو کے حاکم سلطان محمود کے دربار سے وابستہ ہو گیا اور کچھ عرصے بعد سلطان محمود کو چھوڑ کر گجرات کے حکمراں مظفر شاہ کے دربار میں چلا گیا۔ اُسے وہاں بھی وہی عزت و توقیر ملی اور وہ ایک جاں نثار اور وفادار دوست اور سردار کی حیثیت سے اس کی خدمت میں مشغول رہا۔

جب سلطان محمود نے مانڈو کا قلعہ فتح کیا تو اس نے مسند اعلیٰ سے کہا "تم سلطان مظفر کے پاس جا کر اسے مانڈو کے قلعہ کی سیر کی دعوت دو کیوں کہ یہ جگہ نہایت پر فضا اور حسین ہے۔" مسند اعلیٰ کے مدعو کرنے پر سلطان مظفر نے جواب میں کہا: "اللہ تعالیٰ سلطان محمود کو قلعہ مانڈو کی فتح مبارک کرے۔ اس کے فضل و کرم سے آج وہ اس کے قلعہ کے مالک ہیں۔ میں نے اُسے فتح کرنے میں ان کی مدد کی تھی انشاء اللہ اگلے جمعہ کو میں قلعہ مانڈو جاؤں گا اور ان کے نام کا خطبہ پڑھ کر واپس لوٹ آؤں گا۔" عیسیٰ خاں اس مبارک پیغام کے ساتھ سلطان محمود کے پاس لوٹ آیا۔

کچھ عرصہ بعد عیسیٰ خاں گجرات سے ملازمت ترک کر کے سلطان ابراہیم کی خدمات میں چلا گیا اور رفتہ رفتہ اس کا معتبر اور خاص مشیر اور رفیق کار بن گیا۔ سلطان ابراہیم نے شہر دہلی کی حفاظت اور نگرانی عیسیٰ خاں کو سونپ دی۔ اور جب سلطان بہلول کے بیٹے علاؤالدین نے اس شہر پر حملہ کیا

نومسلی خاں جیسے آزمودہ کار سردار کی وجہ سے ہی وہ دہلی حاصل نہ کر سکا اور اُسے مجبوراً وہاں سے پیچھے ہٹنا پڑا۔ اس کے بعد مسندِ اعلیٰ عیسیٰ خاں شیر شاہ کی ملازمت میں چلا گیا اور وہاں بھی وہ اس کا معتمد ترین سردار بن گیا۔ دلی کی فتح کے بعد شیر شاہ نے سنبھل کا علاقہ مسندِ اعلیٰ عیسیٰ خاں کو عطا کر دیا۔

شیر شاہ نے حاجی خاں کو میوات کا صوبہ دار مقرر کیا اور خود لاہور کی طرف روانہ ہو گیا۔ سرہند پہنچنے پر اس نے خواص خاں کو وہاں کا حاکم مقرر کر دیا لیکن خواص خاں نے اپنے ایک غلام ملک بھگونت کو اپنا نائب مقرر کر کے سرہند اس کے سپرد کر دیا۔ ہمایوں اس سے قبل ہی لاہور پہنچ چکا تھا۔ لاہور میں اُسے کچھ مغل سپاہی ملے جو افغانستان سے ٹکر لینے اپنے وطن سے چل کر وہاں آئے تھے اور جنھیں ابھی تک افغانستان سے جنگ کرنے کا کوئی موقع حاصل نہیں ہوا تھا۔ انھوں نے مغل شہنشاہ ہمایوں سے کہا: "آپ ہمیں جنگ کی اجازت عطا فرمائیے۔ ہماری طاقت اور بہادری کے آگے ان حقیر افغانوں کا ٹکنا ناممکن ہے۔ میدانِ جنگ میں ہم ان کے چھکے چھڑا دیں گے۔ اور انشاء اللہ فتح آپ کے قدموں میں ہو گی۔" شہنشاہ ہمایوں نے انھیں اجازت دے دی۔ شیر شاہ نے ہمایوں کے تعاقب کے لیے خواص خاں اور برہم جیت گوڑ کی کمان میں کچھ دستے فوج بھیج رکھی تھی۔ مغل فوج اور ان دستوں میں سلطان پور کے قریب مٹ بھیڑ ہوئی جس کے نتیجے میں مغل شکست کھا کر لاہور کی جانب بھاگ کھڑے ہوئے۔

خواص خاں سلطان پور میں ہی رک گیا۔ شکست کی اطلاع پاتے ہی ہمایوں اور کامران نے لاہور چھوڑ دیا۔ کچھ دن بعد شیر شاہ بھی لاہور آ پہنچا لیکن وہاں رکا نہیں۔ لاہور سے تیسرے پڑاؤ پر ہی اُسے اطلاع ملی کہ مرزا کامران تو جدھ کی پہاڑیوں کے راستے کابل کی طرف چلا گیا اور شہنشاہ ہمایوں دریائے سندھ کے کنارے کنارے مُلتان کی سمت بڑھ رہا ہے۔ شیر شاہ خوشاب پہنچا اور وہاں سے اس نے قطب خاں نائب، خواص خاں، حاجی خاں، حبیب خاں، سرمست خاں، جلال خاں جلوئی، عیسیٰ خاں، برہم جیت گوڑ کو ایک بڑی فوج دے کر ہمایوں کے تعاقب میں سلطان پور کی طرف روانہ کیا۔ اس نے انھیں صاف لفظوں میں ہدایت کی: "بادشاہ سے لڑائی کی نوبت نہ آنے پائے بلکہ متواتر اس کا پیچھا کرتے رہیں تا وقت کہ وہ سلطنت سے باہر چلا جائے۔" دو پڑاؤ آگے افغان فوج کو اطلاع ملی کہ مغل فوج دو حصوں میں تقسیم ہو گئی ہے۔ اس اطلاع سے انھیں تشویش ہوئی کیونکہ شیر شاہ کے پاس بہت تھوڑی فوج تھی۔ افغانوں کو خیال ہوا کہ ممکن ہے کہ فوج کا ایک حصہ پلٹ کر شیر شاہ پر حملہ آور ہو جائے اور چوں کہ شیر شاہ کے پاس فوج قلیل تعداد میں ہے، ایسی حالت میں مغل حملہ پریشان کن ثابت ہو سکتا ہے۔ چنانچہ افغان فوج بھی دو حصوں میں تقسیم ہو گئی۔

ایک فوج میں خواص خاں عیسیٰ خاں اور دوسرے سردار تھے اور اس کا سپہ سالار خواص خاں تھا۔ انھوں نے دریا عبور کیا اور دریائے جہلم کے کنارے کنارے ملتان کی طرف بڑھے افغانوں کی دوسری فوج قطب خاں اور دوسرے سرداروں کی سربراہی میں تھی۔ جہلم کے اِدھر ہی رہی اور آہستہ آہستہ آگے بڑھتی رہی۔ مغلوں کی فوج، جو بادشاہ سے علیحدہ ہو کر (مرزا کامران کی قیادت میں) کابل کی سمت جا رہی تھی، اس کا سامنا خواص خاں کی افغان فوج سے ہوا۔ دونوں فوجوں میں ایک بار پھر جنگ ہوئی اور مغل فوج ہار کر بھاگ کھڑی ہوئی۔ اس کا جنگی ساز و سامان خواص خاں کے ہاتھ لگا۔ یہ افغان فوج وہیں سے واپس ہوگئی اور دوبارہ شیر شاہ سے آملی جو کچھ مدت سے خوشاب میں مقیم تھا۔ تبھی اسماعیل خاں، فتح خاں، غازی خاں اور بلوچی سردار شیر شاہ کی فوج میں آکر شامل ہوئے۔ شیر شاہ نے بلوچی سرداروں کو حکم دیا کہ اپنے گھوڑوں کو گرم لوہے سے داغ دو۔ اس پر اسماعیل خاں نے کہا دوسرے سردار تو اپنے گھوڑوں کو داغیں گے مگر میں اپنے جسم کو داغوں گا۔ شیر شاہ اس کی وفاداری سے نہایت خوش ہوا اور اسے صوبہ سندھ کا صوبے دار مقرر کر دیا۔ روہ صوبہ کے سبھی قبیلوں کے سردار شیر شاہ کی خدمت میں آئے اور اس کے ساتھ اپنی وفاداری کا یقین دلایا۔ بزرگ شیخ بایزید کا نکلپور سروانی، جو شیخ احمد سروانی اور عباس سروانی کے قبیلہ سے تعلق رکھتے تھے، بے حد معزز و مشہور آدمی تھے۔ کہا جاتا ہے سارے علاقے اور صوبہ روہ میں ان کی بے حد قدر و منزلت کی جاتی تھی۔ کتنے ہی افغان ان کے مرید اور شاگرد تھے۔ وہ اپنی شجاعت و جراءت کے لیے بھی مشہور تھے۔ پوری افغان قوم ان کی بزرگی اور عظمت کی معترف تھی اور افغانوں میں ان کا ثانی نہ تھا۔ ان کا خاندان ایک امتیازی حیثیت کا حامل تھا اور سبھی انھیں عزت و احترام اور قدر کی نگاہ سے دیکھتے تھے۔ یہی بزرگ و عظیم شخص شیخ بایزید شیر شاہ سے ملاقات کی خاطر چل کر خوشاب آئے اور اس سے ملے۔

اس سے قبل کئی بادشاہوں نے شیخ بایزید کی بے قدر و منزلت اور احترام کیا تھا۔ شیخ کو فکر تھی کہ نہ جانے شیر شاہ کس طرح پیش آئے گا۔ جب شیخ بایزید شیر شاہ کے دربار میں پہنچے تو شیر شاہ تعظیماً تخت سے اُتر کر ان کے استقبال کے لیے آگے بڑھا۔ شیخ کا خیال تھا کہ شیر شاہ صرف مصافحہ پر اکتفا کرے گا مگر اس نے معانقہ کی خواہش کی اور نہایت عزت و احترام کے ساتھ ان سے گفتگو کی۔ جب شیخ رخصت ہونے لگے تب بھی شیر شاہ نے نہایت ادب و احترام سے انھیں رخصت کیا۔ جس وقت شیر شاہ بنگال واپس جانے لگا تو اس نے شیخ بایزید کو واپس روہ جانے کی اجازت دی اور

ایک لاکھ تنکہ نقد، بنگال کے ریشمی پارچہ جات اور دوسرے بیش قیمت تحائف نذر کئے۔ رخصت ہوئے شیخ نے کہا: " لنگاہ راجاؤں کے زمانے سے ہی بلوچیوں نے میرے بزرگوں کی معافی کی زمینوں کو اپنی طاقت کے بل پر ناجائز قبضے میں کر رکھا ہے۔" شیر شاہ نے حکم دیا کہ اسمٰعیل خاں بلوچی کو اس زمین کے عوض صوبہ سکھر میں نندونا کا پرگنہ دے دیا جائے اور بلوچیوں نے جو زمین ناجائز طور پر ہڑپ کر رکھی ہے وہ پوری زمین شیخ بایزید کو واپس کر دی جائے۔ اسماعیل خاں شیر شاہ کے حکم سے سرتابی کی مجال نہیں رکھتا تھا۔ چنانچہ اس نے نندونا کا پرگنہ بخوشی قبول کر لیا۔ اور شیخ بایزید کو ان کے آبا و اجداد کی زمین واپس مل گئی۔ جس وقت شیر شاہ نے اجین اور سارنگ پور پر حملہ کیا، اس وقت شیخ بایزید دوبارہ اس سے ملاقات کرنے آئے۔ تب شیر شاہ نے انھیں بٹنور پرگنہ میں دو ہزار بیگھ زمین عطا کی۔ یہ زمین شیخ کے بزرگوں کی تھی۔ اس نے یہ بھی مقرر کر دیا کہ جب بھی شیخ بایزید شیر شاہ سے ملاقات کی خاطر آئے گا اُسے ایک لاکھ تنکہ نقد پیش کیا جائے گا۔ اس نے یہ بھی وعدہ کیا کہ کالنجر کی فتح کے بعد شیخ کو بلوچیوں کے علاقے میں سندھ اور ملتان کے پرگنے بھی عطا کر دیے جائیں گے۔

شیخ بایزید کے انتقال کے بعد ان کے فرزند علی سرور ان علاقوں کے مختار و مالک ہوئے۔ وہ اسلام خاں سے ملنے گئے اور اسلام خاں نے ان کے بے حد تعظیم و توقیر کی اور انھیں اپنے بزرگوں کی جائداد کا وارث تسلیم کر لیا۔ شہنشاہ اکبر کے عہدِ حکومت میں یہ زمین شیخ علی کے فرزند شیخ عباس سروانی کو ملی۔ الٰہی سن ۲۴ (۹۸۷ء) میں بادشاہ کے ایک فرمان کے ذریعے عباس کو پانچ سو سواروں کا منصب دار بنا دیا گیا۔ مغل بادشاہ نے عباس کو طلب کیا لیکن اس کے دربار میں پہنچنے پر قاضی علی نے اس کا صحیح انداز میں تعارف نہیں کروایا بلکہ بدگوئی کرتے ہوئے کہا: " شیخ عبدالنبی نے دو ہزار بیگھ زمین دو افغانوں کو دے دی۔" چنانچہ سرور خاندان سے ساری زمین (مدد معاش) چھین لی گئی۔

کامیابی پر کامیابی

صوبہ روہ سے آنے والے کئی رشتہ داروں کو شیر شاہ نے حسب توقع مال اور جائداد سے نوازا۔ سارنگ گھکڑ نے اس کی اطاعت قبول کرنے سے انکار کیا تو شیر شاہ اپنی تمام فوج لے کر اس پر حملہ آور ہوگیا۔ اس نے پدما اور گرجک کی پہاڑیوں اور درّوں میں سفر کیا۔ وہ اس علاقے میں ایک ایسا مناسب اور موزوں مقام تلاش کرنا چاہتا تھا جہاں ایک مضبوط قلعہ بنایا جاسکے۔ اس قلعہ میں اپنے کچھ فوجی دستے متعین کر کے وہ گھکڑوں کو پوری طرح سے زیر کر کے رکھنا چاہتا تھا۔ اسی قلعہ سے وہ کابل کی شاہراہ پر بھی اپنا تسلط قائم کرنا چاہتا تھا۔ چنانچہ اس نے روہتاس کے مقام پر ایک نہایت عالی شان اور مستحکم قلعہ بنوایا اور گھکڑوں کی بستیوں کو اجاڑنا شروع کیا۔ اس نے کتنے ہی گھکڑوں کو اپنا قیدی بنالیا اور سارنگ گھکر کی بیٹی کو گرفتار کر کے خواص خاں کو دیدیا۔

اسی دوران بنگال سے اطلاع ملی کہ بنگال کے صوبہ دار خضر خاں نیرک نے مرحوم سلطان محمود کی بیٹی سے شادی کر لی ہے اور سلاطین بنگال کے طریقے پر 'ٹوکی' (چوکی) یعنی اونچی کرسی پر بیٹھنے کی بھی گستاخی کی ہے۔ شیر شاہ خضر خاں کی اس حرکت پر سخت ناراض ہوا اور اسے معقول سزا دینے کے ارادے سے مارچ ۱۵۴۱ء میں بنگال کی سمت کوچ کیا۔ ہیبت خاں نیازی، خواص خاں، عیسیٰ خاں نیازی، حبیب خاں اور رائے حسین جلوانی کو ایک بڑی فوج کے ساتھ روہتاس کے قلعہ میں ہی چھوڑا۔ شیر شاہ کے بنگال پہنچنے پر خضر خاں اس کے استقبال کے لیے آگے آیا اور شاہی ادب واحترام سے اس کی پذیرائی کی۔ لیکن اس کے فدویانہ طور طریقوں سے شیر شاہ کی ناراضگی دور نہ ہوئی اور اس نے کہا: "میری اجازت کے بغیر تم نے سلطان محمود کی بیٹی سے شادی کی جرأت کس طرح کی؟ اور سلاطین بنگال کی مانند 'ٹوکی' پر بیٹھ کر میرے حکم کی خلاف ورزی کیوں کی؟ میری حکومت کے کسی بھی سردار کو یہ حق نہیں ہے کہ میری اجازت اور رضامندی کے بغیر اس طرح

کارویہ اختیار کرے۔" خضر خاں کے معافی مانگنے کے باوجود شیر شاہ نے اس کی قید اور سخت سزا کا حکم جاری کر دیا تاکہ آئندہ حکومت کے کسی سردار کو ایسا غیر معقول قدم اٹھانے کی جرأت نہ ہو سکے۔ اس نے صوبہ بنگال کو کئی حصوں میں تقسیم کر دیا اور قاضی فضیلت کو جو "قاضی فضیحت" کے نام سے مشہور تھا' وہاں کا امیر بنا دیا۔ بنگال کا یہ انتظام کرنے کے بعد وہ خود آگرہ لوٹ گیا۔

شیر شاہ کے آگرہ واپس آنے پر اسے شجاعت خاں کا ایک خط ملا۔ اس خط میں شجاعت نے ان شرائط کا ذکر کیا تھا جن کے تحت محمد قاسم کے ذریعہ گوالیار کے قلعہ کو سپرد کرنا تھا۔ ان شرائط کے مطابق افغانوں کو قلعہ میں داخلے کی اجازت دے دی گئی تھی۔ مغلوں کے لیے بھی شیر شاہ کے خیمہ تک پہنچنے کی اجازت طلب کی گئی تھی شیر شاہ کے گوالیار پہنچنے پر محمد قاسم کو اس کے حضور میں پیش ہونا تھا اور پھر شیر شاہ کے نمائندوں کو گوالیار کا قلعہ سپرد کرنا تھا۔ شیر شاہ نے ان شرائط سے مطمئن ہو کر اپنے سپہ سالار کو حکم دیا۔ اب افغان فوجیں گوالیار کے راستے مانڈو کی طرف کوچ کریں گی۔ گجرات اور مانڈو کے حکمرانوں نے جیسا کہ پہلے ذکر آچکا ہے شیر شاہ کے بیٹے قطب خاں کی مدد نہیں کی تھی اور جنگ کے میدان میں اس کی موت واقع ہو گئی تھی۔ شیر شاہ یہ زخم بھولا نہیں تھا اور ان سلاطین سے انتقام لینے کے لیے مناسب موقع کی تلاش میں تھا۔ اب وہ وقت آگیا تھا کہ گوالیار پر قبضہ کرنے کے ساتھ ہی وہ گجرات اور مانڈو کے سلطانوں سے بھی بدلہ لے سکے۔ اس وقت مانڈو کے صوبے میں کئی حاکم راج کر رہے تھے۔ شادی آباد یعنی مانڈو کے قلعے، اجین' سارنگ پور اور رن تھمبور پر ملوخاں کی حکومت تھی۔ ملوخاں نے قادر شاہ کا لقب اختیار کر رکھا تھا۔ دیواس اور منڈیا میں سکندر خاں میانہ کی حکومت تھی۔ چندیری اور رائے سین میں بھوپت شاہ کا بیٹا راجا پرتاپ شاہ راج کر رہا تھا۔ اس وقت پرتاپ شاہ کم سن تھا اور اس کا وزیر بھیا پورن مل ہی تمام امور سلطنت کو انجام دیتا تھا۔ بھوپال (جس میں دیۓ گڑھ اور تہا کے علاقے بھی شامل تھے) میشور کے زیر نگیں تھا جب شیر شاہ گوالیار پہنچا[1] تو ہمایوں کا ایک سردار محمد قاسم جو اس قلعہ کا حاکم تھا۔ قلعہ سے باہر آیا اور اس نے شیر شاہ کا استقبال کیا۔ اس نے اپنے وعدے کے مطابق قلعہ شیر شاہ کے افسروں کو حوالے کر دیا۔ جب شیر شاہ گوالیار پہنچا تو ہمایوں کا ایک سردار محمد قاسم جو اس قلعہ کا تھا' قلعہ سے باہر آیا اور اس نے شیر شاہ کا استقبال کیا اس نے اپنے وعدہ کے مطابق قلعہ شیر شاہ کے افسروں کے حوالے کر دیا۔ جب شیر شاہ گاگرون پہنچا تو شجاعت خاں نے گوالیار کے راجا رام شاہ کو حکم دیا کہ رائے سین کے بھیا پورن مل کو شیر شاہ کی خدمت میں پیش کرے۔ پورن مل نے رام شاہ کے ذریعہ پیغام بھجوایا کہ میں صرف شجاعت خاں

[1] تاریخ خان جہاں (ص ۱۷۸) کے مطابق شیر شاہ نے ۹۴۹ھ میں گوالیار اور مالدہ کی جانب کوچ کیا تھا۔

کی ہمراہی میں ہی شیر شاہ کے دربار میں حاضر ہو سکتا ہوں۔ چنانچہ شجاعت خاں خود رائے سین گیا اور پورن مل کو لا کر شیر شاہ کی خدمت میں پیش کیا۔ رائے سین سے روانگی کے وقت پورن مل کی بیوی رتنا ولی نے (جس سے پورن مل بے حد محبت کرتا تھا) شجاعت خاں کو پیغام بھیجا: "جب تک میرا شوہر صحیح سلامت واپس نہیں آجائے گا میں دانا پانی کو ہاتھ بھی نہ لگاؤں گی اور قلعہ کے جھروکے میں بیٹھی انتظار کرتی رہوں گی۔ جب وہ واپس آئیں گے، تبھی مجھے چین ملے گا۔" شجاعت خاں نے اُسے اطمینان دلایا کہ بے فکر رہو، پورن مل کل ہی لوٹ آئیں گے۔ شجاعت خاں نے پورن مل کو چھ ہزار سواروں سمیت شیر شاہ کے دربار میں پیش کیا۔ ان سواروں میں کوئی بھی چالیس سال سے زیادہ عمر کا نہیں تھا۔ شیر شاہ نہایت مسرور ہوا اور اس نے پورن مل کو ایک سو گھوڑے اور ایک سو بیش قیمت لباس عطا کئے اور نہایت عزت سے اسی روز واپس جانے کی اجازت دے دی۔ بھیا پورن مل واپس رائے سین چلا گیا لیکن اپنے چھوٹے بھائی چتر بھج کو شیر شاہ کی خدمت میں چھوڑ گیا۔

جب شیر شاہ سارنگ پور پہنچا تو ملّو خاں کا سفیر اس کی خدمت میں حاضر ہوا اور ملّو خاں کی وفاداری کا اظہار کیا۔ اس نے یہ بھی کہا کہ ملّو خاں خود آپ کی خدمت میں حاضر ہونے کے لیے آنے والا ہے۔ یہ سن کر شیر شاہ نے شجاعت خاں کو حکم دیا کہ آگے جا کر ملّو خاں کا استقبال کیا جائے۔ شجاعت خاں کی روانگی کے بعد شیر شاہ شاہی خیمہ سے باہر نکل آیا اور وہیں دربار لگانے کا حکم دیا۔ اس نے اپنے سبھی سرداروں اور سپہ سالاروں کو مناسب مقاموں پر جگہ دی۔ ملّو خاں کے ساتھ شجاعت خاں دربار میں حاضر ہوا۔ شیر شاہ نے پوچھا ملّو خاں کے خیمے کس جگہ نصب کیے گئے ہیں۔ یہ سن کر خود ملّو خاں بولا کہ میں آپ کی خدمت میں تنہا حاضر ہوا ہوں۔ میرا کوئی خیمہ یا قیام گاہ نہیں ہے۔ میرا واحد مقام آپ کے دربار میں ہے۔ میں نے اپنے لیے اس دربار کی جاروب کشی منتخب کی ہے۔ میری استدعا ہے کہ مجھے یہاں خدمت کا موقع دیا جائے۔" شجاعت خاں نے بتایا: "ملّو خاں اپنے ساتھ صرف بیس سوار لے کر آیا ہے۔" یہ سن کر شیر شاہ نے حکم دیا کہ اُسے سُرخ رنگ کا خیمہ، بیش قیمت مسہری، خدمت گار اور دیگر لوازم راحت و آسائش مہیا کئے جائیں اور اس کے شایانِ شان استقبال کیا جائے۔ جب شیر شاہ نے سارنگ پور سے کوچ کیا تو اس نے ملّو خاں کو اپنی تمام فوج دکھائی۔ ملّو خاں اس عظیم الشان فوج کو دیکھ کر حیرت زدہ ہو گیا۔ اس نے اتنی بڑی فوج پہلے کبھی نہ دیکھی تھی۔ 'واقعات مشتاقی' اور 'تاریخ داؤدی' نے شیر شاہ کے اس فوجی نظم و ضبط کا بے حد دلچسپ نقشہ کھینچا ہے۔ جوں ہی فوج کو شیر شاہ کا شاہی چتر دکھائی دیا، فوج کا ایک دستہ تیز قدمی سے شیر شاہ

کے سامنے آیا۔ انھوں نے گھوڑوں سے اُتر کر اپنی تلواریں میان سے نکال کر اُسے سلامی دی۔ جنگ کے ابتدائی دنوں میں بھی اس کی فوج کا یہی دستور تھا۔ ہر ایک فوجی دستے نے علی الترتیب اسی طرح بادشاہ کے سامنے آکر اظہارِ وفاداری کیا۔ یہ منظر دیکھ کر ملّو خاں دنگ رہ گیا۔ ایک دن سارنگ پور اور اجین کے راستے میں شیر شاہ اور ملّو خاں ساتھ ساتھ سفر کر رہے تھے۔ شیر شاہ نے اسے اپنی زندگی کا ایک واقعہ سنایا۔ اس نے کہا: "میں نے اپنی زندگی کے ابتدائی زمانے میں سخت محنت اور جفاکشی کی ہے۔ ان دنوں میں روزانہ اپنا تیر کمان لے کر پندرہ ۱۵ کوس تک پیدل شکار کے لیے جایا کرتا تھا۔ شکار کے شوق میں ایک دن ڈاکوؤں کے گروہ کا سامنا ہوگیا۔ میں اس گروہ میں شامل ہوگیا اور ان کے ساتھ لوٹنے مارنے اور قتل و غارت گری میں مشغول ہوگیا۔ ایک دن ان نئے ساتھیوں کے ساتھ کشتی سے دریا پار کر رہا تھا کہ ان کے دشمن گروہ نے ان پر حملہ کیا۔ دونوں میں زبردست لڑائی ہوئی۔ بالآخر میرا گروہ شکست کھا گیا۔ میں انتہائی مایوسی کے عالم میں اپنی کمان اور ترکش کے ساتھ دریا میں کود پڑا اور تین کوس تک تیر کر اپنی جان بچا سکا۔ اس دن کے بعد میں نے لوٹ مار سے توبہ کر لی۔" [1]

شیر شاہ کی فوج ہر پڑاؤ پر خندقیں کھود کر اپنی حفاظت کا مکمل بندوبست کرتی تھی۔ جب ملّو خاں نے سپاہیوں کی اس محنت، مشقت اور شیر شاہ کے سخت رویّہ کو دیکھا تو اس نے بعض افغانوں سے کہا: "آپ لوگ دن رات محنت کرتے ہیں۔ آپ کی جفاکشی اور مستعدی دیکھ کر میں حیران ہوں۔ آرام کرنا تو گویا آپ نے سیکھا ہی نہیں۔ ہر سپاہی کا یہ فرض ہے کہ اپنے آقا کے حکم کی بخوشی تعمیل کرے۔ ہر سپاہی کا منصبی فریضہ ہے کہ وہ اپنے آقا کے احکامات اور توقعات کو بار نہ سمجھ کر اس کی منشا کے مطابق کام پورا کرے کیوں کہ آرام اور راحت عورتوں کا حق ہے۔ خود دار مردوں کے لیے آرام کرنا باعثِ شرم و خجالت ہے۔" شیر شاہ نے ملّو خاں کی وفاداری اور انکساری کو مدِّ نظر رکھتے ہوئے اُسے معاف کر دیا اور کالپی کی سلطنت اُسے سونپ دی۔

اجین پہنچ کر شیر شاہ 'کالی دہ' کے قریب اپنا پڑاؤ ڈال دیا۔ وہاں سکندر خاں میانہ شیر شاہ کی خدمت میں حاضر ہوا اور اپنی اطاعت کا یقین دلایا۔ شیر شاہ نے مانڈو کا صوبہ شجاعت خاں کو عطا کر دیا۔

---

[1] واقعاتِ مشتاقی (ص ۱۰۳) اور تاریخ داؤدی (ص ۲۵۶) ابوالفضل اور دیگر مغل درباری مورخوں نے ہمیشہ اس بات پر زور دیا ہے کہ شیر شاہ کی ابتدائی زندگی لوٹ مار اور بد چلنی میں گزری تھی۔

جب شیر شاہ کی فوجیں اجین میں پڑی ہوئی تھیں تو ملو خاں نے وہاں سے فرار ہونے کا منصوبہ تیار کیا۔ اس نے اپنے اہل و عیال کو اجین سے باہر نکال دیا۔ اس نے شیر شاہ کے ساتھ رہنے میں مصیبت ہی مصیبت دیکھی کیوں کہ وہ اتنی محنت اور جفاکشی کی زندگی بسر نہیں کر سکتا تھا۔ چنانچہ وہ شیر شاہ کی فوج سے راہ فرار کے بہانے ڈھونڈنے لگا۔ لیکن شیر شاہ بھی کم چالاک نہ تھا وہ اس کی نیت بھانپ گیا۔ اس لیے فوراً شجاعت خاں کو بلا کر حکم دیا کہ ملو خاں کو بلا تاخیر قید کر لیا جائے۔ شجاعت خاں نے جب ملو خاں کی طرف دیکھا تو اس نے ملتجیانہ انداز میں کہا: "میرے پاس تو اپنے اہل و عیال کو کالپی تک بھیجنے کے لیے کوئی سواری نہیں ہے۔ آپ شیر شاہ کے حضور میں میری سفارش کریں۔" شجاعت خاں نے شیر شاہ سے یہی بات من و عن کہہ دی۔ شیر شاہ نے حکم دیا کہ ایک سَو اونٹ، ایک سَو خچر، گاڑیاں اور گاڑی بان ملو خاں کے اہلِ خاندان کو پہنچانے کے لیے مہیا کیے جائیں۔ جب یہ سب سامان ملو خاں کے خیموں پر پہنچا تو اس نے بظاہر اطمینان اور خوشی کا اظہار کیا اور ان سب کا خیر مقدم کیا۔ رات کو ان لوگوں کی دعوت کی اور اس میں اتنی زیادہ شراب پلائی کہ وہ لوگ مدہوش ہو گئے۔ ملو خاں نے موقع سے فائدہ اٹھایا اور مع اپنے اہل و عیال اور پورے خزانے کے بھاگ کھڑا ہوا۔ جب صبح شیر خاں کو ملو خاں کے فرار کی اطلاع ملی تو وہ غصے سے آگ بگولا ہو گیا اور اس نے کہا: "ملو خاں نے غلاموں جیسا فعل کیا ہے!" شیر شاہ نے شجاعت خاں پر بھی اپنا غصہ اُتارا کیوں کہ اسی کی لاپرواہی کی بدولت ملو خاں بھاگا تھا۔ شیر شاہ نے اُسے حکم دیا۔ "جہاں کہیں بھی ہو ملو خاں کو تم خود گرفتار کر کے میرے حضور پیش کرو۔ کیا میں نے تم سے پہلے ہی نہیں کہا تھا کہ یہ شخص ناقابلِ اعتبار ہے اور اُسے فوراً قید کر لینا چاہیے لیکن تم نے میرا حکم نہ مانا اور لاپرواہی سے کام لیا۔" شجاعت خاں فوراً ملو خاں کے تعاقب میں روانہ ہو گیا لیکن وہ اُسے گرفتار نہ کر سکا کیوں کہ ملو خاں نے گجرات کے سلطان محمود کے پاس پناہ لی تھی۔ مجبوراً شجاعت خاں کو مانڈو کی سرحد سے واپس آنا پڑا۔ شیر شاہ نے شجاعت کی کارکردگی سے ناراض ہو کر مانڈو کا صوبہ واپس لے لیا اور اس کے عوض سیواس اور ہنڈیا وغیرہ کے علاقے دے دیے جو پہلے سکندر خاں میانہ کے اختیار میں تھے۔ شجاعت خاں کو چار ہزار سوار رکھنے کا بھی فرمان دیا گیا۔ اجین کا صوبہ دریا خاں گجراتی کو عنایت ہوا۔ یہ دریا خاں گجراتی، گجرات کے فرماں روا سلطان محمود کا وزیر تھا اور وہاں سے بھاگ کر شیر شاہ کی خدمت میں آیا تھا۔ سارنگ پور کا صوبہ سلطان محمود کے ایک اور مشہور سردار عالم خاں لودی کو دیا گیا۔ اس نے حاجی خاں اور جنید خاں کو اس صوبہ کا فوج دار مقرر کیا اور ان کو گھارنا می شہر میں چھوڑ کر خود قلعہ رن تھمبور کے راستے سے واپس ہو لیا۔ اس دوران رن تھمبور پہنچنے

سے پہلے ہی سیواس کا حکمراں سکندر میانہ راستہ سے ہی بھاگ کھڑا ہوا۔ اس وقت رن تھمبور میں ملو خاں کا ایک صوبہ دار عثمان خاں حاکم تھا جس کا نام پہلے ابوالفرح تھا۔ جب اس نے شیر شاہ کی آمد کی خبر سنی تو وہ قلعہ سے باہر آگیا اور اطاعت کا اعلان کیا۔ شیر شاہ نے اس سے قلعہ کی کنجیاں لے کر اپنے بڑے بیٹے عادل خاں کے حوالے کر دیں۔ اس طرف سے مطمئن ہو کر وہ جون ۱۵۴۲ء میں آگرہ واپس آگیا۔

جب شیر شاہ تمام انتظامات مکمل کر کے مانڈو سے آگرہ واپس لوٹ آیا تو سکندر خاں میانہ کے بھائی ناصر خاں نے چھ ہزار سوار اور دو سو ہاتھیوں کی فوج کے ساتھ شجاعت خاں پر حملہ کر دیا۔ شجاعت خاں کے پاس اس وقت صرف دو ہزار سوار فوج تھی۔ ناصر خاں نے اپنے سرداروں اور بہادروں کو للکارا۔ "شجاعت خاں کو زندہ گرفتار کر لو، کیوں کہ شیر شاہ نے میرے بھائی سکندر خاں کو اپنے پاس روک رکھا ہے۔ میں بھی اسے دشمن کی نشانی کے طور پر اپنے پاس رکھوں گا اور جب شیر شاہ نے میرے بھائی کو رہا کر دے گا تو میں شجاعت خاں کو آزاد کر دوں گا۔" جب شجاعت خاں کو ناصر کے حملے کی اطلاع ملی تو وہ فوج کے ساتھ بڑھ کر آیا۔ دونوں فوجوں میں نیل گڑھ کے قریب جنگ ہوئی۔ جنگ شروع ہونے پر طرفین کے اکثر سپاہی بھاگ کھڑے ہوئے۔ اس جنگ میں ناصر خاں کے تین بہادر ساتھیوں نے صرف شجاعت خاں پر حملہ کرنے کی قسم کھائی تھی، وہ تھے میاں عمر، سید طاہر اور کوکا۔ ان میں سے ایک نے شجاعت خاں کی گردن پر وار کیا، دوسرے نے تیزی سے بھالے سے حملہ کیا کہ شجاعت خاں کا ایک نتھنا چھد گیا اور سامنے کے دانت ٹوٹ گئے۔ تیسرے نے تلوار کا وار کر کے اس کے بال پکڑ لئے اور گھسیٹ کر ناصر خاں کے پاس لے جانے لگا۔ اسی وقت شجاعت خاں نے تلوار سے اس کا ہاتھ کاٹ دیا اور اس طرح اس کے پنجے سے بچ نکلنے میں کامیاب ہو گیا۔ شجاعت خاں کے ایک ساتھی ظاہر خاں نے (جو شجاعت خاں کا ہم قبیلہ تھا) دوسرے حملہ آور کو موت کے گھاٹ اُتار دیا اور مبارک خاں شیرانی نے تیسرے حملہ آور کو ہلاک کر دیا۔ اسی طرح شجاعت خاں کی جان بچ سکی اور اس نے دوبارہ ہمت کر کے اپنی فوج کو مجتمع کیا اور انھیں جنگ کے لیے آمادہ کیا۔ اپنے آقا کی حوصلہ افزائی اور غیرت دلانے سے بھاگتے ہوئے فوجی دوبارہ لوٹ آئے۔ انھوں نے اپنے سالار کو چاروں طرف سے گھیر لیا اور اس بہادری سے لڑے کہ بالآخر فتح نے انھیں گلے لگا لیا۔ ناصر خاں اور اس کی فوج کے حوصلے پست ہو چکے تھے۔ ناصر خاں میدان سے بھاگ کھڑا ہوا اور اس کے دو سو ہاتھی شجاعت خاں کے ہاتھ لگے۔ شجاعت خاں مسرور و کامران نیل گڑھ سے ہنڈیا

لوٹ آیا۔

اس کے بعد شجاعت خاں کو خبر ملی کہ ملّو خاں ایک بڑی فوج کے ساتھ جنگ کی نیت سے چلا آرہا ہے۔ اس نے حاجی خاں کا محاصرہ کرلیا ہے۔ اور حاجی خاں مانڈو کے قلعہ میں حفاظتی انتظامات میں مشغول ہے۔ اگرچہ اس وقت تک شجاعت خاں کے زخم پوری طرح مندمل نہیں ہوئے تھے۔ تاہم اس نے مانڈو کے قلعہ کے باہر خیمے نصب کر دیے۔ دوسرے ہی دن ملّو خاں اور شجاعت خاں کی فوج میں آمنا سامنا ہوگیا۔ دونوں پہلے ہی سے آمادۂ پیکار تھیں۔ اس جنگ میں افغان فوجوں نے بے پناہ شجاعت اور دلیری سے دشمنوں کے چھکے چھڑا دیے اور آخر انھیں فتح نصیب ہوئی۔ ملّو خاں گجرات کی طرف بھاگ گیا۔ جب شیر شاہ کو اس کامیابی کی اطلاع ملی تو اس نے حاجی خاں کو دربار میں طلب کیا اور بارہ ہزار سواروں کا منصب دار بنا کر قدر افزائی کی۔ اس نے شجاعت خاں کی بہادری اور جرأت سے خوش ہو کر اسے اجین، مانڈو، سارنگ پور اور منصور جاگیر کے علاقے بطور جاگیر عطا کیے۔ سیوا اس کا علاقہ شجاعت خاں کے رشتہ داروں، شمس خاں، بہار خاں اور میر خاں نیازی کو عطا کیا گیا۔ چنانچہ اس طرح شجاعت خاں کو پورے صوبہ مانڈو کا حکمراں بنا دیا گیا۔

بنگال سے واپسی

آگرہ سے شیر شاہ نے بہار اور بنگال کی طرف کوچ کیا لیکن وہاں جا کر وہ ملیریا بخار میں مبتلا ہو گیا۔ بیماری کی حالت میں وہ اکثر کہا کرتا تھا: "میں نے بنگال آ کر سخت غلطی کی ہے۔ اگر اللہ کے فضل سے میں صحت یاب ہو گیا تو جلد ہی دار الخلافہ واپس چلا جاؤں گا۔ پورن مل نے چندیری میں کئی مسلمان خاندانوں کو قید کر رکھا ہے۔ اس نے مسلمان لڑکیوں کو رقاصائیں بنا دیا ہے۔ میں سب سے پہلے اُسے ایسی عبرت ناک سزا دوں گا کہ دوسروں کے دل میں خوف بیٹھ جائے اور آئندہ کوئی بھی کافر راجا مسلمان خاندانوں کو تکلیف پہنچانے کی جرأت نہ کر سکے۔" شیر شاہ بیماری سے نجات پا کر آگرہ لوٹ آیا۔ اس کے بعد اس نے پورے تزک و احتشام کے ساتھ صوبہ مانڈو کی طرف روانگی اختیار کی۔ ۹۵۰ھ میں قلعہ رائے سین پر قبضہ کر لیا۔ اس نے اپنے فرماں بردار بیٹے جلال خاں کو حکم دیا کہ وہ اپنی فاتح فوج کے ہمراہ آگے روانہ ہو جائے۔ جب جلال خاں بھلیسا کے قریب پہنچا تو شیر شاہ بھی اس سے آن ملا۔ وہاں سے دونوں فوجیں تیزی سے حرکت کرتی ہوئی رائے سین کے قلعے کے نزدیک جا پہنچیں۔ بھیا پورن مل نے چھ سَو ہاتھی قلعہ سے باہر بھیجے لیکن خود قلعہ بند رہا۔ شیر شاہ نے قلعہ کا محاصرہ مکمل طور پر کر رکھا تھا۔ لیکن اسی دوران خواص خاں کا پیغام پہنچا کہ ہیبت خاں اور اس کے درمیان نزاع پیدا ہو گیا ہے۔ اس نے یہ بھی درخواست کی کہ ان کا فیصلہ کرانے کی خاطر دو ثالث بھیجے جائیں۔ چنانچہ شیر شاہ نے عیسیٰ خاں اور حبیب خاں کو بطور ثالث اپنا نمائندہ بنا کر بھیج دیا۔ اس نے ہیبت خاں کو پنجاب کا گورنر مقرر کیا۔ شیر شاہ نے یہ قدم ایک خاص مقصد کے تحت اٹھایا تھا۔ اس صوبے میں فتح خاں نامی ایک جاٹ باغی سردار تھا۔ مغلوں کے وقت میں بھی اس نے صوبے میں لوٹ مار کی تھی اور پانی پت[1] تک کے

[1] مخزن افغاناں (ص ۲۴۲) میں اس واقعہ کا ذکر کیا گیا ہے وہ ناقابل فہم ہے۔ ڈارن کے ترجمے سے بھی مطلب واضح نہیں ہے۔ تاریخ خان جہاں لودی' میں بھی اس واقعہ کا خاص ذکر نہیں ہے۔

سارے علاقے کو تباہ کر دیا تھا۔ اس وقت بھی اس نے 'کیولا' میں علم بغاوت بلند کر رکھا تھا۔ ادھر ملتان پر بلوچیوں کا قبضہ تھا۔ اس لیے شیر شاہ نے ہیبت خاں کو پنجاب کا گورنر مقرر کر کے حکم دیا کہ پورے صوبے میں باغیوں کی سرکوبی کی جائے اور ملتان کو از سر نو مضبوط و مستحکم بنانے کی کوشش کی جائے۔ شیر شاہ کا فرمان ملتے ہی ہیبت خاں نے ست گڑھ کے حکمراں چکراند کے نمائندے سے کہا: "آپ چکراند کو جا کر مطلع کیجئے کہ میں جلد ہی اپنی فوج کے ساتھ اس علاقے میں آرہا ہوں۔ انھیں میری مدد کے لیے اپنی فوجوں کو آمادہ رکھنا چاہیے کیوں کہ میں نے 'کیولا' کو فتح کرنے کا ارادہ کر لیا ہے۔"

دوسرے دن صبح ہی چکراند کو یہ اطلاع ملی کہ ہیبت خاں فوج سمیت آن پہنچا ہے۔ چکراند ست گڑھ سے باہر نکل آیا اور نہایت گرم جوشی سے اس کا استقبال کیا۔ لیکن در حقیقت چکراند سخت مشکل میں تھا۔ جونہی ہیبت خاں نے چکراند کو دیکھا تو کہا: "میں تمہاری فوج کو اپنے ساتھ دیپال پور لے جاؤں گا۔ کیوں کہ اگر اس میں تاخیر کی گئی تو فتح خاں فرار ہو سکتا ہے۔" دو ہی دن میں ہیبت خاں قطب العالم حضرت شیخ فریدؒ کے وطن پاک پٹن جا پہنچا لیکن جیسے ہی فتح خاں (جاٹ) نے اس کی آمد کی اطلاع پائی اس نے راہ فرار اختیار کی۔ ہیبت خاں نے اس کا پیچھا کیا۔ فتح خاں اپنے اہل و عیال اور خاندان کے دیگر افراد کو ساتھ لے کر بھاگا تھا۔ اس نے محسوس کیا کہ ان سب کی حفاظت کرنا از حد مشکل ہے چنانچہ اس نے فتح پور اور کہرور کے قریب ایک مٹی کے قلعہ[1] میں پناہ لینے کی ٹھانی۔ اس نے زبردستی اس قلعہ پر قبضہ کر لیا اور اپنے خاندان کو وہاں ٹھہرا دیا۔ ہیبت خاں نے جو برابر اس کا پیچھا کر رہا تھا، آکر اس قلعہ کا محاصرہ کر لیا۔ کچھ دن تک فتح خاں قلعہ کا بچاؤ کرتا رہا لیکن سامان رسد کی کمی کے باعث اُسے سمجھوتہ کرنے کے لیے مجبور ہونا پڑا۔ شیخ ابراہیم جو حضرت قطب عالم فرید گنج شکرؒ کی اولاد میں تھے، سے ہیبت خاں نے کہا: "میں شیر شاہ کا ایک معمولی خادم ہوں۔ میرا آقا مجھے جو حکم دے گا اس کی بجا آوری میرا فرض ہے۔" اس نے فتح خاں کو قید کر لیا۔ رات کو ہیدو بلوچ قلعہ سے بچ نکلا اور اپنے تین سو جاں نثار سپاہیوں کے ساتھ ہیبت خاں پر حملہ آور ہوا۔ اس نے بڑی مستعدی سے مقابلہ کیا لیکن آخر کار شکست کھائی۔ وہ پہلے ہی اپنی عورتوں کو، بدنامی و رسوائی سے بچانے کی خاطر اپنے ہاتھوں قتل کر چکا تھا۔ چنانچہ صبح ہونے پر جب افغانوں نے قلعہ پر قبضہ کیا تو وہاں

---

[1] کہرور اور فتح پور دریائے ستلج سے علی الترتیب ¼ ۷ میل اور ¼ ۵ میل شمال میں واقع ہیں۔

سوائے بوڑھی اور بدشکل عورتوں کے انھیں کچھ نہ ملا۔ان عورتوں کو بھی قید کر لیا گیا۔سیدو بلوچ اور بخشو لنگا نامی سردار بھی غلام بنا لیے گئے۔ بعد ازاں ہیبت خاں ملتان پہنچا جسے بلوچیوں نے مکمل طور پر اجاڑ دیا تھا۔ہیبت خاں نے از سر نو وہاں امن وامان برقرار کیا اور اسے پھر سے آباد کرنے کی کوشش کی۔جس کے نتیجے میں وہاں کے باشندے واپس اپنے گھروں میں آکر بسنے لگے۔ان انتظامات سے فراغت پا کر ہیبت خاں نے شیر شاہ کو تمام حالات سے مطلع کرتے ہوئے سیدو بلوچ اور بخشو لنگا کی گرفتاری کے بارے میں بھی خط لکھا۔شیر شاہ ہیبت کے ان کارناموں نے بے اندازہ خوش ہوا اور اس نے ہیبت خاں کو مسند عالی اور اعظم ہمایوں کے خطاب سے بھی نوازا اور فرمان بھیجا کہ ملتان کی دوبارہ آبادکاری کی جائے۔وہاں لنگاؤں کے ہی طریقہ انتظام کو اپنایا جائے۔زمین کی پیمائش نہ کی جائے بلکہ فصل کا کچھ حصہ بطور لگان وصول کر لیا جایا کرے۔ فتح خاں اور سیدو بلوچ کو قتل کر دیا جائے۔بخشو لنگا اور اس کے بیٹے کی جاں بخشی کر دی جائے لیکن ہیبت خاں ہمیشہ انھیں اپنے ساتھ رکھے۔ان کے علاقے واپس کر دیے جائیں۔ شیر شاہ نے ہیبت خاں کے پاس ایک نہایت خوبصورت اور بیش قیمت سرخ رنگ کا خیمہ بھی بطور انعام ارسال کیا۔شیر شاہ کا یہ فرمان ملتان میں اعظم ہمایوں (ہیبت خاں) کو موصول ہوا۔اس نے فتح جنگ خاں کو اپنا نائب بنا کر وہیں چھوڑا اور خود لاہور چلا آیا۔لاہور میں اس نے فتح خاں (جاٹ) اور سیدو بلوچ کو پھانسی دے دی۔ فتح جنگ خاں نے ملتان کو دوبارہ اس طرح سے آباد کیا کہ وہ لنگاہ حکومت کے زمانے سے بھی زیادہ فارغ البال اور سرسبز وشاداب ہو گیا۔اس نے ملتان کے علاقے میں ایک نیا شہر آباد کیا جس کا نام شیر گڑھ رکھا۔[1]

جب شیر شاہ نے رائے سین کے قلعہ کا محاصرہ کر رکھا تھا تو اپنی فوج کو حکم دے دیا تھا کہ قلعہ پر بالکل حملہ نہ کیا جائے، نہ ہی کوئی شخص قلعہ کے نزدیک جائے۔وہ اپنی ذہانت اور سیاسی سوجھ بوجھ کے بل پر قلعہ حاصل کرنا چاہتا تھا۔ایک دن شیر شاہ کی فوج میں کچھ افغان مخبر اور غلام آپس میں باتیں کر رہے تھے۔باتوں باتوں میں بھیا پورن مل کے سپاہیوں کی بہادری اور دلیری کی بات نکل آئی۔نزدیک بیٹھے ہوئے کچھ سپاہیوں نے کہا:"یہ سچ ہے کہ دلیری اور شجاعت میں بھیا پورن مل کی فوج کا کوئی مقابلہ نہیں کر سکتا۔اس کے سپاہی روز قلعہ سے باہر آکر چیلنج کرتے ہیں کہ شیر شاہ کے کسی سپاہی میں ہم سے لڑائی مول لینے کی ہمت نہیں ہے۔وہ تو ہم سے اس قدر

---

[1] تاریخ شیر شاہی۔عباس سروانی۔قلمی نسخہ ص ۲۲-۲۲۱

خوفزدہ ہیں کہ کوئی افغان فوجی قلعہ کے نزدیک نہیں جاتا مقابلہ کرنا تو دور کی بات ہے۔" جب افغان سپاہیوں نے یہ گفتگو سنی تو قدرتی طور پر انھیں ذلت محسوس ہوئی اور وہ اپنی بے عزتی برداشت نہ کر سکے انھوں نے کہا: "چاہے شیر شاہ ہمیں سزائے موت ہی کیوں نہ دے دے یا اپنے ملک سے ہمیں نکال باہر کرے لیکن ایک بار ضرور ہم بھیا پورن مل کی فوج سے مقابلہ کریں گے اور ان کی جرأت و شجاعت کا امتحان لیں گے۔ اس اقدام کے لیے ہمیں شیر شاہ کی ناراضگی اور غصہ کی بھی پروا نہیں ہے۔"

دوسرے دن علی الصبح پندرہ سو افغان سورما گھوڑوں پر سوار ایک مقررہ جگہ پر جمع ہوئے۔ وہ جنگ پر آمادہ تھے۔ انھوں نے بھیا پورن مل کے پاس پیغام بھیجا: "آپ کے سپاہی روزانہ اپنی بہادری کے قصیدے پڑھتے ہیں۔ ہم پندرہ سو افغانی شیر شاہ کے احکام کی خلاف ورزی کرتے ہوئے جنگ کے لیے آمادہ ہیں۔ آج ہمیں دیکھنا ہے کہ راجپوتوں اور افغانوں میں سے کون زیادہ بہادر ہے۔ اس لیے آپ بھی اپنی فوج کے ساتھ قلعہ سے باہر آئیں۔" بھیا پورن مل نے اس چیلنج کو قبول کر لیا کیوں کہ اسے اپنے سپاہیوں کی بہادری اور جاں نثاری پر پورا بھروسا تھا۔ نیز وہ افغانوں کو راجپوتوں سے کمتر تصور کرتا تھا۔ چنانچہ اس نے اپنی فوج کے منتخب سورماؤں کو قلعہ سے باہر جنگ کے لیے بھیج دیا اور خود جنگ کی کارروائی دیکھنے قلعہ کے برج میں بیٹھ گیا۔ راجپوت اور افغان ایک دوسرے سے بھڑ گئے۔ ایک پہر تک جنگ پورے شباب پر تھی۔ دونوں طرف کی فوجیں بے مثال بہادری کا مظاہرہ کر رہی تھیں لیکن آخر کار افغانوں کے سامنے راجپوتوں کا ٹکنا محال ہو گیا۔ دونوں طرف کے بہادروں کی ہمت اور دلیری قابل تعریف تھی۔ جیت افغانوں کی ہوئی۔ راجپوت فوجیں پیچھے ہٹنے لگیں اور قلعہ کے دروازے تک جا پہنچیں۔ یہاں ایک بار پھر انھوں نے اپنی شجاعت کے جوہر دکھلائے لیکن افغانوں کے سامنے ایک نہ چلی اور وہ بھاگ کر قلعہ کے اندر گھس گئیں۔ افغان فتح یاب ہو کر اپنے اپنے خیموں میں واپس لوٹ آئے۔

پیتل کے گولے

جب شیر شاہ کو علم ہوا کہ افغان سپاہیوں نے ایسی بے مثال بہادری اور شجاعت سے کام لیا ہے تو وہ دل میں نہایت خوش ہوا لیکن چوں کہ ان کا یہ کارنامہ اس کے حکم کی خلاف ورزی تھا لہٰذا اس نے سب پر بے حد ڈانٹ پھٹکار کی۔ کچھ دن گزر جانے پر اب اس نے ان فوجیوں کو انعام و اکرام سے نوازا۔ ان کے عہدوں میں ترقی کی اور جاگیریں عطا کرتے ہوئے کہا: "راجپوتوں کو بھگانے

میں تم لوگوں نے جس دلیری کا ثبوت دیا وہ میرے علم میں ہے۔ اب تم لوگ یہ دیکھنا کہ میں کس طرح اس قلعہ پر قبضہ کرتا ہوں۔" اس کے بعد اس نے حکم جاری کیا کہ فوج میں جتنا پیتل (خواہ کسی شکل میں بھی ہو) ہو اسے اکٹھا کر کے، گلایا جائے اور اس کے گولے تیار کیے جائیں۔ چنانچہ فوج میں اور شہر میں جتنا بھی پیتل کا سامان اور برتن وغیرہ تھے، جمع کر لیے گئے اور اس کے بڑے بڑے گولے ڈھال لیے گئے۔ اس کے بعد ان تمام گولوں کو بیک وقت قلعہ کی دیوار پر توپوں سے داغا گیا جس سے قلعہ کی دیواریں مسمار ہو گئیں اور قلعہ کئی جگہ سے منہدم ہو گیا۔ پورن مل کے لیے یہ نہایت تشویش کی گھڑی تھی۔ یہ محاصرہ چھ ماہ تک جاری رہا تھا۔ آخر کار پورن مل خود قلعہ سے باہر آیا۔ شیر شاہ نے اُسے معاف کرنے اور بنارس کا صوبہ دار بنانے کا وعدہ کرتے ہوئے کہا کہ قلعہ میں جن مسلمان خاندانوں کو تم نے غلام بنا رکھا ہے انھیں فوراً آزاد کر دو۔ پورن مل نے جواب دیا، "میرے پاس قلعہ میں ایک بھی مسلمان خاندان بطور غلام موجود نہیں ہے۔ میں قلعہ کا مختار بھی نہیں ہوں۔ میں تو صرف راجا کے نمائندہ کی حیثیت سے انتظامی امور کی دیکھ بھال کرتا ہوں۔ میں آپ کا حکم راجا کو پہنچا دوں گا اور جو بھی جواب ہو گا آپ کی خدمت میں حاضر کر دوں گا۔" شیر شاہ نے اُسے قلعہ میں واپس جانے کی اجازت دے دی۔ قلعہ میں پہنچ کر پورن نے اپنا خزانہ اور ہیرے جواہرات وغیرہ یکجا کیے اور شیر شاہ کے پاس پیغام بھیجا "آپ کے سامنے دوبارہ حاضر ہونے کی مجھ میں ہمت نہیں ہے میری آپ سے التجا ہے کہ آپ قلعہ سے دو منزل دور ہٹ کر جائیں۔ میں خود قلعہ سے نکل کر کسی دوسری ریاست میں چلا جاؤں گا اور قلعہ آپ کے افسروں کے حوالے کر دوں گا۔ دوسری تجویز یہ ہو سکتی ہے کہ اگر آپ کے فرزند عادل خاں اور قطب خاں نائب یہاں آکر مجھے یقین دلا دیں کہ میری جائداد اور خاندان کے کسی فرد کو کسی طرح کا نقصان نہیں پہنچایا جائے گا تو میں خود اپنے تمام خاندان کے ساتھ آپ کی خدمت میں حاضر ہو سکتا ہوں۔" شیر شاہ نے عادل خاں اور قطب خاں کو پورن مل کی تجویز سنائی اور انھیں اس کے پاس قلعہ میں بھیج دیا تاکہ اُسے مطمئن کر کے ساتھ لے آئیں۔

قطب خاں نائب قلعہ میں داخل ہوا تو اس نے طرح طرح کی قسمیں کھا کر پورن مل کو یقین دلایا کہ بادشاہ کے ہاتھوں میں تمہاری جان اور عزت آبرو ہر طرح سے محفوظ رہے گی۔ اس یقین دہانی پر پورن مل اپنے خاندان سمیت رائے سین کے قلعہ سے باہر آ گیا اور شیر شاہ کی خیمہ گاہ کی جانب چل پڑا۔ شیر شاہ کے ایما سے راجپوت سردار کے لیے شاہی فوج کے پڑاؤ کے عین درمیان میں خیمے نصب کر دیے گئے تھے۔ قطب خاں کی معیت میں پورن مل اسی مقام کی سمت چلا گیا۔

کچھ دن بعد چندیری کے مسلمان سرداروں کی بیوہ عورتیں سڑک کے راستے سے شیر شاہ کے پڑاؤ میں آگئیں اور انھوں نے رونا پیٹنا اور بین کرنا شروع کر دیا۔ شیر شاہ نے ان کی چیخ پکار سن کر اپنے درباریوں سے دریافت کیا کہ کیا ماجرا ہے اور انھیں اپنے سامنے حاضر ہونے کا حکم دیا۔ انھوں نے بادشاہ کے سامنے پہنچتے ہی فریاد کی: "اس ظالم اور کافر پورن مل نے ہم پر ناقابل بیان مظالم ڈھائے ہیں۔ ہمارے شوہروں کو تہہ تیغ کر ڈالا ہے اور ہماری بیٹیوں کو کنیزوں اور رقاصاؤں کی مانند قلعہ میں قید کر رکھا ہے۔ ہماری تمام جائداد اور زمینیں ہڑپ کر لی ہیں۔ اگر آپ نے بھی ہماری فریاد سن کر ہمارا انصاف نہیں کیا اور پورن مل کو قرار واقعی سزا نہیں دی تو حشر کے دن جب تمام مردے اللہ تعالیٰ کے حضور حاضر ہوں گے تو ہمارا ہاتھ ہوگا اور آپ کا گریبان۔ ان مظالم کے لیے ہم آپ ہی کو قصور وار گردانیں گے۔"

شیر شاہ نے ان مظلوم عورتوں کی حالت زار پر نہایت رنج و افسوس ظاہر کیا اور اس کی آنکھوں سے بے اختیار آنسو جاری ہو گئے۔ اس نے ان عورتوں کو تسلی و تشفی دیتے ہوئے اطمینان دلایا: "آپ صبر کیجیے۔ میں نے پورن مل کو قلعہ سے باہر نکلوایا ہے اور میں نے اُسے اپنی پناہ میں لینے کے لیے اس سے وعدہ کر رکھا ہے اور قسمیں کھائی ہیں۔"

ان خواتین نے بادشاہ کو جواب دیا: "آپ کو اس مسئلہ میں اپنے علماء سے مشورہ کرنا چاہیے۔ اور پھر جیسی ان کی رائے ہو اس پر عمل کرنا چاہیے۔"

شیر شاہ نے شاہی خیمہ گاہ میں پہنچتے ہی ان تمام علماء کو طلب کیا جو فاتح فوج کے ہم رکاب تھے۔ اس نے ان کے سامنے چندیری کے مسلمانوں اور ان کے اہل و عیال پر کیے گئے غیر انسانی مظالم کی فہرست پیش کی اور مشورہ طلب کیا کہ ایسی صورت میں راجا پورن مل کے کیسا سلوک ہونا چاہیے۔ بادشاہ کے دربار کے مشہور عالم شیخ رفیع الدین اور دوسرے علماء و شیوخ نے پورن مل کی سزائے موت کا فتویٰ بادشاہ کے سامنے پیش کر دیا۔

بالآخر پورن مل کو قتل کیے جانے کا فیصلہ کر دیا گیا۔ رات کو عیسیٰ خاں حاجب کو شیر شاہ نے حکم دیا کہ وہ اپنی تمام فوج اور ہاتھیوں سمیت جلد از جلد ایک معینہ مقام پر گونڈوانہ کی سمت کوچ کرنے کے لیے تیار ہو جائے۔ اس کے ساتھ ہی اس نے حبیب خاں کو حکم دیا کہ پورن مل کے پڑاؤ گھیر لیا جائے اور کسی بھی شخص کو کچھ بتائے بغیر پورن مل کے پڑاؤ کو گھیر لیا جائے اور کسی بھی شخص کو کچھ بتائے بغیر پورن مل کے ساتھیوں پر کڑی نگرانی رکھی جائے تاکہ وہاں سے کوئی فرار نہ ہو سکے۔

جب ہاتھی اور فوج اپنے متعینہ مقام پر پہنچ گئی تو شیر شاہ نے حکم دیا کہ صبح طلوع آفتاب کے وقت پورن مل کے خیموں کو چاروں طرف سے گھیر لیا جائے اور تمام خاندان سمیت قتل کر دیا جائے۔

جب پورن مل کو اس غیر متوقع حملے کی اطلاع ملی تو وہ اپنی چہیتی بیوی رتنا دلی کے خیمہ میں گیا۔ یہ خاتون نہایت اعلیٰ پایہ کی ہندی زبان کی شاعرہ تھی۔ اس نے اپنے ہاتھ سے رتنا دلی کا سر کاٹا اور خیمہ سے باہر نکل کر اپنے عزیزوں اور ساتھیوں سے کہا: "آپ بھی میری طرح سے اپنی عزت و ناموس کو محفوظ رکھنے کے لیے اپنی عورتوں کو اپنے ہاتھوں قتل کر ڈالیں۔" کہا جاتا ہے کہ جب راجپوت سردار اپنی بیویوں اور بیٹیوں کو اس طرح قتل کرنے میں مشغول تھے شیر شاہ کے افغان سپاہیوں نے ان پر دھاوا بول دیا اور بے محابا قتل کرنا شروع کر دیا۔

راجپوت اپنے سردار پورن مل کے ساتھ آن کی آن میں موت کے گھاٹ اتار دیے گئے زندہ عورتوں کو کنیزیں بنا لیا گیا۔ پورن مل کی ایک بیٹی اور اس کے تین بھتیجوں کو بھی زندہ گرفتار کر لیا گیا۔ شیر شاہ نے پورن مل کی بیٹی کو ناچ گانا سکھانے والوں کے سپرد کر دیا تاکہ وہ اُسے رقص و موسیقی کی تعلیم دے کر بر سر عام نچوا سکیں۔ تینوں راجپوت شہزادوں کو قتل کر دیا۔ غرض پورن مل کے خاندان کو بالکل ہی نیست و نابود کر دیا گیا۔ شیر شاہ نے شہباز خاں اُچ خیل سروانی کو رائے سین کا قلعہ دار مقرر کر دیا۔ اس طرح پورن مل کا خاتمہ کرنے کے بعد شیر شاہ آگرہ واپس ہو گیا اور برسات کا موسم آگرہ میں ہی گزرا۔ [1]

---

[1] یہ واقعہ جولائی ۱۵۴۳ء کا ہے۔ ڈاکٹر کالکا رنجن قانون گو نے اس قتل عام کے لیے شیر شاہ کو بے قصور ٹھہرایا۔

پورے شمالی ہندوستان کا حکمران

برسات کا موسم ختم ہونے پر شیر شاہ نے اپنے معتمد سرداروں کی مجلس شوریٰ منعقد کی تاکہ دوسرے علاقوں پر فوجی کارروائی کرنے پر غور و خوض کیا جا سکے۔ اُسے یہ جان کر بے حد خوشی ہوئی کہ تقریباً پورا شمالی ہندوستان اس کے زیرِ حکومت ہے۔

اس کے سرداروں نے گزارش کی: "آپ کی فاتح فوج نے سارے شمالی ہندوستان کو فتح کر لیا ہے چنانچہ اب یہ ضروری ہے کہ آپ کی فوج جنوبی ہندوستان کو فتح کرنے کے لیے کوچ کرے اور وہاں کے باغیوں اور ڈاکوؤں کو سبق سکھلائے۔ ہم نے یہ بھی سنا ہے کہ وہ باغی شیعہ مسلک سے تعلق رکھتے ہیں اس لیے ان کا خاتمہ کرنا بھی ہمارے اتنا ہی نیک کام ہے جتنا کہ ہندو کافروں کا۔" شیر شاہ نے جواب دیا: "آپ کی یہ سب باتیں بجا اور صحیح ہیں لیکن میرا خیال ہے کہ جب سے سلطان ابراہیم تخت نشین ہوا ہے، تبھی سے کافر زمین داروں نے اس علاقے میں مذہب اسلام کو پوری طرح سے ختم کرنے کی ٹھان لی ہے۔ انھوں نے دلی اور مالوہ کے علاقے میں خاص طور سے مسجدوں کو شہید کر دیا ہے اور وہاں مندر یا اپنی مذہبی عمارتیں تعمیر کر لی ہیں جہاں مورتیوں کی پرستش کی جاتی ہے۔ میرا ارادہ ہے کہ میں سب سے پہلے ان کافروں کا قلع قمع کروں اور ان مقامات پر دوبارہ قبضہ کر کے انھیں پاک اور مقدس جگہوں میں تبدیل کروں۔ لہٰذا سب سے پہلے میں مالدیو جیسے کافر سردار کا خاتمہ نہایت ضروری سمجھتا ہوں۔ ایک وقت تھا جب وہ ناگور اور اجمیر کے فرمانروا کا ایک معمولی سا خادم تھا اس حاکم نے مالدیو کی وفاداری پر اعتماد کیا لیکن اس دغا باز اور مکار شخص نے اپنے آقا کو قتل کر دیا اور مکر و فریب اور جبر و تشدد سے اس کی ریاست کا مالک بن بیٹھا۔"

شیر شاہ کے اس نیک ارادے کی پر زور تائید سبھی سرداروں نے کی۔ ۹۵۰ھ (۴۴-۱۵۴۳ء) میں

شاہی فوجوں نے فتح کا پرچم لہراتے ہوئے بادشاہ کی سرکردگی میں ناگور، اجمیر اور جودھپور کی سمت کوچ کیا۔ اس جنگ کے لیے شیر شاہ کے ساتھ اتنی بڑی فوج تھی کہ اس کی تعداد کا اندازہ لگانا غیر ممکن تھا۔ بعض تجربہ کار اور بزرگ افغان سپہ سالاروں کا کہنا تھا کہ انھوں نے زندگی بھر اتنی عظیم الشان اور کثیر فوج نہیں دیکھی تھی۔ بعض سرداروں نے پہاڑیوں پر چڑھ کر فوج کا اندازہ لگانے کی کوشش کی لیکن وہ کسی طرح سے بھی سپاہیوں کی صحیح تعداد معلوم نہ کر سکے۔

آگرہ سے فتح پور سیکری پہنچنے پر شیر شاہ نے اپنے سپاہیوں کو حکم دیا کہ اب وہ باقاعدہ صفیں بنا کر کوچ کرنا شروع کریں اور ہر ایک منزل پر پڑاؤ کے ارد گرد مٹی کی فصیلیں تیار کریں۔ دوران سفر ایک دن انھیں ریگستان میں قیام کرنا پڑا۔ کہا جاتا ہے کہ ہر ممکن کوشش کے باوجود افغان پڑاؤ کے ارد گرد خندق یا حفاظتی فصیل تیار نہ کر سکے۔ شیر شاہ نے بھی ہر ممکن تدابیر پر عمل کرنا چاہا مگر اس کی ایک نہ چلی۔ اس موقع پر اس کے پوتے محمود خاں نے اس کی مدد کی اور شیر شاہ کے سامنے تجویز پیش کی: "اگر ہم بوروں میں ریت بھر کر ان کی دیواریں بنا لیں تو ہماری صفیں بآسانی بن سکتی ہیں۔" شیر شاہ نے اس کی تجویز منظور کی اور خوشی کا اظہار کیا اور اس کی ذہانت کی تعریف کی۔ چنانچہ اس مقام پر افغانوں نے ریت کے بوروں کی مدد سے فصیل تیار کی۔

مالدیو کے ساتھ فریب

شیر شاہ نے جودھپور پہنچتے ہی مالدیو کو شکست دینے کے لیے ایک لاجواب تدبیر سوچی۔ اس نے مالدیو کے سرداروں کی جانب سے اپنے نام اس مضمون کے خط لکھوائے "مالدیو کی شکست کے بارے میں اعلیٰ حضرت کو کسی قسم کے شک و شبہ اور فکر کو دل میں جگہ نہیں دینی چاہیے کیوں کہ ہم لوگ عین جنگ کے درمیان مالدیو کو پکڑ کر غلاموں کی طرح آپ کی خدمت میں پیش کر دیں گے۔" ان خطوط کو اس نے ریشمی خلیطوں اور تھیلیوں میں بند کر کے اپنے ایک معتمد فوجی سردار کے ذریعے مالدیو کے وزیر کے خیمہ کے نزدیک ڈلوایا۔ جب راجپوت سردار نے اس تھیلے کو اپنے خیمہ کے پاس پڑا پایا تو اس نے اٹھا کر جوں کا توں بغیر کھولے ہوئے مالدیو کے پاس بھیج دیا۔ کہا جاتا ہے کہ جب مالدیو نے ان خطوط کو پڑھا تو وہ اتنا خوفزدہ ہوا کہ قلعہ چھوڑ کر نزدیک کے جنگلوں کی طرف بھاگ گیا۔ اس کے سرداروں نے ہر چند اپنی اطاعت اور وفاداری کا یقین دلایا لیکن مالدیو نے ان کی قسموں کا قطعی اعتبار نہ کیا اور جودھپور چھوڑ کر بھاگ جانا ہی

مناسب سمجھا۔ راجپوت سرداروں نے اس کے چلے جانے کے بعد ہمت اور بہادری سے کام لیتے ہوئے بے جگری سے شیر شاہ کا مقابلہ کیا۔ خاص طور پر دو راجپوت سرداروں، جے چندیل اور گوہا نے بے مثال جرأت و شجاعت کا ثبوت دیا۔ راجپوتوں نے قلعہ سے نکل کر افغان فوج کو گھیرے میں لینا شروع کیا اور شیر شاہ کے کئی دستوں کو روند ڈالا۔ ایک افغان سردار نے شیر شاہ کو خبردار کرتے ہوئے کہا: "آپ حکم دیجیے اور فوراً گھوڑوں پر سوار ہو کر حملہ کر دیجیے ورنہ دشمن پوری فوج کا خاتمہ کر کے رکھ دے گا۔"

اس وقت شیر شاہ نماز فجر کی ادائیگی کے بعد تلاوت قرآن شریف میں مشغول تھا۔ اس نے افغان سردار کو جواب دینے کی بجائے ہاتھ کے اشارے سے گھوڑا لانے کے لیے کہا۔ وہ ابھی گھوڑے پر سوار ہونے ہی والا تھا کہ تبھی راجپوتوں کی شکست اور افغان فوج کی فتح یابی کی اطلاع مل گئی۔ یہ معلوم کر کے بے حد مسرت ہوئی کہ خواص خاں نے جے چندیل اور گوہا کو قتل کر ڈالا اور افغانوں نے پوری راجپوت فوج کو کھدیڑ کر رکھ دیا ہے۔ پھر بھی جے چندیل اور گوہا کی بے مثال بہادری کے بارے میں سن کر اس کے منہ سے یہ ناقابل فراموش جملہ نکلا: "ایک مٹھی باجرے کے لیے میرے ہاتھ سے دلی کی حکومت نکلنے ہی والی تھی۔" شیر شاہ کی مراد لفظ 'باجرہ' سے مارواڑ کی زمین تھی۔ اس نے خواص خاں، عیسیٰ خاں نیازی اور کچھ دوسرے سرداروں کو ناگور کی حکومت سونپ دی اور خود دارالخلافہ کی طرف روانہ ہو گیا۔ خواص خاں نے جودھ پور کے نزدیک خو... ر کا قلعہ بنوایا اور ناگور، اجمیر، جودھ پور کے اطراف کے تمام علاقوں کو فتح کر کے اپنی حکومت میں شامل ... ا۔ مالدیو نے جودھ پور سے بھاگنے کے بعد گجرات کی سرحد پر واقع سیوان کے قلعہ میں پناہ لی۔

شیر شاہ کے سرداروں نے اُسے مشورہ دیا کہ برسات کا موسم شروع ہونے والا ہے، بہتر ہوگا اگر فوج کو چھاؤنیوں میں قیام کرنے دیا جائے۔ لیکن شیر شاہ نے اس کے جواب میں کہا "وہ اس موسم میں ایسے مقام پر اپنی فوج سمیت رہنا پسند کرے گا، جہاں سے میں فوجی کارروائیوں کے متعلق بہتر طریقے سے دیکھ بھال کر سکے۔" چنانچہ اس نے چتوڑ کی جانب کوچ اختیار کیا۔ بیان کیا جاتا ہے کہ شیر شاہ کی فوج ابھی چتوڑ سے چھ کوس کے فاصلے پر تھی کہ وہاں کے راجا نے شیر شاہ کی اطاعت قبول کر لی اور قلعہ کی کنجیاں اس کے سپرد کر دیں۔

اس طرح بغیر جنگ کیے شیر شاہ کو چتوڑ پر قبضہ حاصل ہو گیا[1]۔ چتوڑ کے نظم و نسق کی ذمہ داری

---

[1] ۱۵۴۵ء کے اوائل میں۔

اُس نے خواص خاں کے چھوٹے بھائی میاں احمد سروانی اور حسین خاں خلجی کو سونپی اور خود کھوارہ کی طرف روانہ ہوگیا۔ اسی مقام پر اس کے بڑے بیٹے عادل خاں نے رنتھمبور جانے کی اجازت چاہی تو شیر شاہ نے کہا: "میں محض تمہاری خوشی کی خاطر رنتھمبور جانے کی اجازت دے رہا ہوں مگر وہاں زیادہ دیر مت رکنا اور جلد از جلد واپس آجانا۔"

جب شیر شاہ چتوڑ سے کھوارہ کے نزدیک پہنچا تو شجاعت خاں نے ہنڈیا کا رخ کیا۔ شجاعت خاں کے بعض مخالفین نے بادشاہ کے کان بھرے کہ وہ بارہ ہزار سواروں (ان سواروں کی تنخواہ شاہی خزانے سے دی جاتی تھی) کی بجائے بہت کم فوج ملازم رکھے ہوئے ہے۔ اور یہی وجہ ہے کہ اُسے بادشاہ کے سامنے حاضری کی ہمت نہ ہوئی اور وہ ہنڈیا کی جانب روانہ ہوگیا۔ شجاعت خاں کے بیٹے بایزید اور دولت خاں نے، جو شیر شاہ کے ہمرکاب تھے، اس کارروائی کی پوری اطلاع شجاعت خاں کے پاس ارسال کر دی۔ خبر ملتے ہی شجاعت خاں کھوارہ میں بادشاہ کی خدمت میں حاضر ہوگیا اور اس نے بادشاہ سے درخواست کی کہ میرے سپاہیوں کی تعداد کی جانچ کے لیے میرے گھوڑوں کو داغا جائے۔ کہا جاتا ہے کہ سات ہزار پانچ سو گھوڑوں کو داغا گیا۔ باقی کے لیے اس نے بادشاہ سے کہا کہ بقایا فوج علاقے کی دیکھ بھال کے لیے ہنڈیا میں موجود ہے۔ اگر بادشاہ کی خواہش ہو تو وہ داغے جانے کے لیے گھوڑوں کو مع سپاہ، فوری طور پر طلب کر سکتا ہے۔

شیر شاہ نے جواب دیا کہ اب بقیہ گھوڑوں کو ملاحظہ کے لیے پیش کرنے کی ضرورت نہیں ہے۔ مجھے یقین کامل ہے کہ تمہارے پاس اتنی ہی فوج ہے جتنی فوج کی تنخواہ شاہی خزانے سے ادا کی جاتی ہے۔ جن لوگوں نے مجھ تک یہ جھوٹی شکایت پہنچائی اُن کے منہ کالے ہو چکے ہیں۔ اس کے بعد اس نے شجاعت خاں کو ہنڈیا واپس جانے کی اجازت دے دی۔ ساتھ ہی اُسے حکم دیا کہ جیسے ہی تمہیں کالنجر کی فتح کی اطلاع ملے تم بلا تاخیر جنوب کی سمت کوچ کر دینا اور راستے میں کہیں بھی قیام نہ کرنا، بلکہ جلد از جلد شیعہ باغیوں کے قلع قمع کے لیے جنوبی ہند پہنچ جانا۔

شیر شاہ نے خود کھوارہ سے کالنجر[1] کی طرف پیش قدمی شروع کر دی۔ شاہ بندی پہنچ کر اُسے اطلاع ملی کہ عالم خاں میانہ ایک فوجی سردار نے دوآبہ میں بغاوت کر دی ہے اور میرٹھ کلاتوں پر قبضہ کرکے کئی سرکاری زمینوں کو اجاڑ دیا ہے۔ شیر شاہ نے فوراً شاہ بندی سے آگرہ کی جانب کوچ کر دیا

---

[1] سبھی موٗرخوں نے لفظ کالنجر استعمال کیا ہے۔

تاکہ وہ اُس بغاوت کو کچل سکے۔ وہ بمشکل دو پڑاؤ آگے ہی پہنچا ہوگا کہ خبر ملی بغاوت کو ختم کر دیا گیا اور خواص خاں کے خدمت گار، سرہند کے حاکم بھگونت نے عالم خاں میانہ کو سرہند کے نزدیک شکست دے کر مار ڈالا ہے۔ اس اطلاع سے شیر شاہ بے حد مسرور ہوا اور اس نے دوبارہ کالنجر کی سمت کوچ کر دیا۔

جب شیر شاہ کی فوج کالنجر کے نزدیک پہنچی تو وہاں کے راجا کیرت سنگھ نے شیر شاہ کا استقبال اور اطاعت قبول کرنے کی بجائے مقابلہ کی ٹھانی اور قلعہ بندی کر لی۔ بادشاہ نے قلعہ کا محاصرہ کر لیا اور اپنے توپچیوں کو گولہ باری کا حکم دیا۔ اس کے سپاہیوں نے توپوں کو اونچے ٹیلے بنا کر ان پر نصب کر دیا تاکہ بلندی سے بہتر طریقے پر گولہ اندازی ہو سکے اور انھوں نے قلعہ کے باشندوں پر گولوں اور تیروں کی بارش شروع کر دی۔ کہا جاتا ہے کہ شیر شاہ نے ان مشکل حالات میں بھی قلعہ کو اس لیے تسخیر کرنا چاہا تھا کہ وہ کیرت سنگھ کی ایک حسین رقاصہ کو زندہ گرفتار کرنا چاہتا تھا کیرت سنگھ کے دربار میں پتار نامی رقاصہ کے حسن و جمال کے قصے شیر شاہ نے سُن رکھے تھے۔ چنانچہ اسے زندہ حاصل کرنے کے خیال اور مقصد کو ذہن میں رکھ کر، شیر شاہ نے قلعہ کو توپوں سے اڑانے اور کیرت سنگھ کو اطاعت پر مجبور کرنے کی بجائے اپنے سپاہیوں کو تیروں اور گولیوں کی بوچھار کرنے کا حکم دیا۔

۹۵۲ھ، ۹ ربیع الاوّل کو جمعہ کا دن تھا اور ابھی سورج نکلے صرف پانچ گھنٹے ہی گزرے تھے کہ بادشاہ نے ناشتہ کی خواہش ظاہر کی۔ اس نے شیوخ و علمار کے ساتھ دسترخوان پر ناشتہ شروع کیا۔ ناشتہ کے درمیان شیخ نظام نے کہا: "ایک مسلمان کے لیے کافروں کے خلاف جہاد کرنے سے بہتر دوسرا کوئی ثواب کا کام نہیں ہے۔ کیوں کہ اگر اس جنگ میں آپ ہلاک ہوتے ہیں تو شہید کا مرتبہ ملتا ہے اور اگر فتح یاب ہوتے ہیں تو غازی کہلاتے ہیں۔ یعنی مذہب کے نام پر فاتح ہوئے۔"

ناشتہ سے فارغ ہو کر شیر شاہ نے دریا خاں کو معائنے کے لیے گولے پیش کرنے کا حکم دیا۔ وہ خود ایک بلند ٹیلے پر گیا اور اپنے ہاتھ سے کئی تیر دشمن کی طرف پھینکے۔ اس اثنار میں دریا خاں اس کے معائنے کے لیے متعدد گولے لے آیا اور شیر شاہ ان کے معائنے کے لیے ٹیلے سے نیچے اتر آیا۔ اب توپچی دشمن پر گولہ اندازی کر رہے تھے کہ ایک گولہ قلعہ کے دروازہ سے ٹکرا کر واپس عین اسی جگہ پر گرا جہاں معائنے کے لیے گولے لا کر اکٹھے کئے گئے تھے اور جہاں شیر شاہ خود بھی موجود تھا۔ اس گولے کے گرتے ہی تمام گولے ایک ساتھ پھٹ گئے۔ شیخ خلیل، شیخ نظام اور دوسرے سپہ سالار جو وہاں کھڑے تھے، بال بال بچ گئے لیکن شیر شاہ کا پورا جسم بری طرح

جھلس گیا۔ ایک نوجوان شہزادی جو گولوں کے قریب ہی کھڑی تھی، جل کر مرگئی۔ جب شیر شاہ کو زخمی حالت میں اس کے خیمہ میں لایا گیا تو اس کے تمام سردار وہاں موجود تھے۔ اس نے عیسیٰ خاں صاحب مسندخاں کا لکا پوڑ، عیسیٰ کے داماد اور شہباز خاں سروانی کو اپنے قریب بلایا اور حکم دیا: "میرے جیتے جی کالنجر فتح کر لو۔"

عیسیٰ خاں نے شاہی خیمے سے نکل کر تمام سرداروں کو شیر شاہ کی آخری خواہش سے آگاہ کردیا۔ چنانچہ چاروں طرف سے افغان فوج نے ٹڈی دل کی طرح قلعہ پر حملہ کر دیا اور عصر کی نماز تک قلعہ پر قبضہ کرلیا۔ انھوں نے کسی راجپوت کو زندہ نہ چھوڑا۔ جب شیر شاہ کو فتح کا مژدہ سنایا گیا تو اس کے چہرے پر خوشی لہر دوڑ گئی۔ راجا کیرت سنگھ اپنے سترسا تھیوں کے ہمراہ اپنے ایک محل میں چھپا ہوا تھا۔ قطب خاں نے بذاتِ خود رات بھر اس محل کی نگرانی کی اور اس کا محاصرہ کیے رکھا تاکہ کیرت سنگھ فرار نہ ہو سکے۔ شیر شاہ نے اپنے سبھی سرداروں اور بیٹوں کو اپنے پاس بلا لیا اور اس نادر موقع سے فائدہ اٹھا کر کیرت سنگھ محل سے بھاگ نکلا لیکن دوسرے دن صبح ہی افغان سرداروں نے اُسے زندہ گرفتار کرلیا۔

۱۰ ربیع الاول ۹۵۲ھ مطابق ۲۲ مئی ۱۵۴۵ء کو شیر شاہ نے داعی اجل کو لبیک کہا۔ اس کی وفات کی تاریخ "از آتش مرد" (یعنی آگ سے مرگیا) کے جملے سے نکلتی ہے۔

شیر شاہ نے پانچ سال تک دہلی اور چھ ماہ تک بنگال کے حکمراں کی حیثیت سے حکومت کی۔ اس کی وفات کے بعد اس کا چھوٹا بیٹا جلال تخت پر بیٹھا۔ کالنجر کے نزدیک لال گڑھ میں شیر شاہ کی تدفین عمل میں لائی گئی جہاں بطورِ امانت اسے رکھا گیا۔ بعد میں اس کی میت سہسرام لائی گئی اور وہاں اس کے والد (حسن خاں) کی قبر کے پاس اُسے دفن کر دیا گیا۔ اس مقبرہ کو خود شیر شاہ نے تعمیر کیا تھا۔ یہ روضہ آج بھی سہسرام میں موجود ہے اور ہندوستان کے وسطی عہد، خار ر سے شیر شاہ سوری کی داستان زبانِ حال سے سناتا ہے۔

شیر شاہ سوری (حیات اور کارنامے)		ودیا بھاسکر

شیر شاہ کا انتظامِ سلطنت

شیر شاہ کی زندگی اور موت جنگی کارناموں اور توسیع حکومت کی کہانی اس وقت تک ادھوری رہے گی جب تک اس کے انتہائی مستحکم نظامِ سلطنت اور نظم ونسق کا ذکر نہ کیا جائے۔ بیشتر اصلاحات آج بھی جوں کی توں موجود ہیں۔ یہ شیر شاہ کی ذہن زرخیز اس کی سوجھ بوجھ اور دوراندیشی منہ بولتی تصویریں ہیں۔ یہ کہنا مبالغہ آمیز نہ ہوگا کہ شیر شاہ نے اپنی سلطنت کی توسیع اور نظم ونسقِ حکومت کو مستحکم اور مضبوط بنانے کے لیے جو اقدامات کیے، ان کا فائدہ ہمایوں اور اکبر کے زمانے سے لے کر آج تک کے سربراہوں نے اٹھایا ہے۔ انگریز مورخ کین نے ہندوستانی بادشاہوں میں سے شیر شاہ کے انتظامِ سلطنت کی خاص طور سے تعریف کرتے ہوئے لکھا ہے: "کسی حکومت نے، حتیٰ کہ برٹش حکومت نے بھی، ملک کے نظم ونسق میں اتنی مہارت کا ثبوت نہیں دیا جیسا کہ شیر شاہ نے۔ شیر شاہ نے اپنی زندگی کا ہر لمحہ بہتر نظم ونسق اور عمدہ فوجی تنظیم کے لیے صرف کیا۔ وہ شاہی کرّوفر اور شان وشوکت کا قائل نہ تھا اور عیش وعشرت کی محفلوں سے کوسوں دور رہتا تھا۔ کہا جاتا ہے ایک بار ہمایوں کا سفیر شیر شاہ سے مل کر واپس آیا تو اس نے بتایا: "جب میں اس کے پاس گیا تو شیر شاہ کڑی دھوپ میں مزدوروں کے ساتھ گڑھا کھود رہا تھا۔ مجھے دیکھ کر وہ وہیں زمین پر بیٹھ گیا اور مجھ سے باتیں کرنے لگا۔"

حکومت کرنا بہت مشکل کام ہے اور کدال ہاتھ میں لے کر کسی بادشاہ کا کام کرنا اس سے بھی زیادہ غیر معمولی اور مشکل کام ہے۔ لیکن ان دونوں سے بھی زیادہ اہم بات یہ ہے کہ ان دونوں غیر معمولی حالات میں توازن برقرار رکھا جائے اور ایک کام کو دوسرے کام میں ممد ومعاون بنایا جائے۔ اُس کی وجہ سے کسی قسم کی رکاوٹ پیدا نہ ہونے دی جائے۔

شیر شاہ نے آسام سے لے کر ملتان اور سندھ تک اور کشمیر سے ست پڑا کی پہاڑیوں تک نہ صرف ایک مضبوط اور مستحکم حکومت قائم کی بلکہ پوری سلطنت میں ایک جیسا نظامِ حکومت رائج کر کے

ایک مرکزی شاہی حکومت کی بنیاد ڈالی۔ شیر شاہ سے قبل کسی بھی مسلمان بادشاہ نے دہلی میں بیٹھ کر اپنے دور افتادہ صوبوں سے برابر رابطہ بنائے رکھنے کی کبھی کوئی کوشش نہیں کی تھی۔ اس کا نتیجہ عام طور پر یہ ہوتا تھا کہ بڑے صوبوں کے گورنر یا فوجدار موقع پاتے ہی نہ صرف خودمختار ہو جاتے تھے بلکہ مرکزی حکومت کا تختہ اُلٹ کر خود بادشاہ بن جاتے تھے۔ مسلمان حکمرانوں میں شیر شاہ تھا جس نے مرکزی حکومت اور اس کے ہر شعبہ اور صوبوں کے درمیان براہِ راست تعلق قائم کیا۔ پوری عملداری کے لگان پر دسترس رکھنا اس کا سب سے بڑا مقصد تھا۔ انتظامیہ کی آسانی کے لیے اس نے صوبوں کی سرکاروں کو پرگنوں میں تقسیم کر دیا تھا۔ یہ سرکار اور پرگنے آج کل کی کمشنری اور ضلع کے مترادف ہیں۔ ہر ایک پرگنے میں ایک شقدار، ایک امین، ایک خزانچی اور دو محرر ایک فارسی اور دوسرا ہندی لکھنے کے لیے مقرر تھے۔

روزمرہ کا معمول

جب تقدیر نے شیر شاہ کو برسرِاقتدار کیا اور ہندوستان کی سلطنت اس کے زیرِنگیں آ گئی تو اس نے ماہر اور تجربہ کار عالموں کے مشوروں اور اپنی ذاتی صلاحیت کی مدد سے اپنی رعایا کی فلاح و بہبود کے لیے ایسے عمدہ قوانین بنائے جن کے نفاذ سے حکومت کے کارندوں کے ظلم و ستم سے رعایا کو چھٹکارا مل گیا۔ اس نے سلطنت میں ہونے والے جرائم اور فسادات کا سختی سے انسداد کیا اور رعایا کو خوشحال بنایا۔ محفوظ اور باسہولت آمد و رفت کے لیے سڑکیں بنوائیں۔ سپاہیوں اور تاجروں کو مختلف طریقوں سے فائدے پہنچائے۔ اس نے اپنی اصلاحات اور قوانین کو سختی کے ساتھ نافذ کیا چنانچہ جلد ہی تمام مملکت میں امن و امان اور باقاعدہ نظم و نسق قائم ہو گیا۔ وہ اکثر کہا کرتا تھا: "بادشاہوں کے لیے تاریخ کے صفحات کو اپنے نیک اعمال اور صالح اصولوں سے مزین کرنا قابلِ تحسین ہے۔ ریاضت و عبادت میں ایک بادشاہ کا حصّہ اس کے علما اور رعایا سے زیادہ ہونا چاہیے۔ بادشاہوں کو خدا کی بندگی کرنا چاہیے کہ اس نے ان پر خاص عنایت کرتے ہوئے اپنی مخلوق کو ان کی سرپرستی میں دیا ہے۔ اس لیے ہم کو یعنی بادشاہوں کو کبھی بھی اللہ تعالیٰ کے احکامات کی خلاف ورزی نہیں کرنا چاہیے۔"[1]

---

[1] تاریخ شیر شاہی۔ عباس سروانی۔

شیر شاہ اپنی سلطنت اور مال گزاری سے متعلق ذرا ذرا سی باتوں کو خود دیکھا کرتا تھا۔ اس کے باوصف وہ عبادت خدا اور دینی خدمات کی انجام دہی سے بھی کبھی غافل نہ ہوا۔ وہ اپنے دینی اور دنیوی، دونوں فرائض یکساں تن دہی سے انجام دیتا تھا۔

جب دو تہائی رات گزر جاتی تھی تو اس کا خادم خاص اسے بیدار کر دیتا تھا۔ وہ روزانہ سب سے پہلے ضروریات اور غسل سے فارغ ہو کر نماز و درود وظائف میں مشغول ہو جاتا تھا۔ وظائف سے فارغ ہونے پر مختلف وزرار اور حکام سلطنت کے مختلف شعبوں سے متعلق روزنامچے پیش کرتے تھے۔ شیر شاہ جو احکامات صادر کرتا تھا، متعلقہ افسر اسے فوراً تحریر کر لیتے تھے تاکہ آئندہ اس سلسلے میں دوبارہ بادشاہ کو تکلیف نہ دی جائے۔ اس کے بعد وہ مسجد میں نماز باجماعت ادا کرتا تھا اور کچھ دیر دینی کتابوں کا مطالعہ کرتا تھا۔ دربار میں اس کے سپہ سالار اور سردار حاضر ہوتے تھے جنھیں نقیب پورے آداب و القاب کے ساتھ پکارتا تھا اور وہ اس کے سامنے نہایت ادب سے حاضر ہوتے تھے۔ بادشاہ ہر سردار اور فوجی افسر سے اس کی ضروریات اور تکالیف کے بارے میں پوچھ گچھ کرتا تھا کہ اگر ان کے پاس جاگیر نہیں ہے تو وہ جاگیر دے سکتا ہے، بشرطیکہ وہ میدانِ جنگ میں اس کا ساتھ دینے کے لیے تیار ہوں۔ اگر کوئی شخص جاگیر رکھتے ہوئے بھی جھوٹ بول کر دوسری جاگیر حاصل کر لیتا تو جوں ہی شیر شاہ کو حقیقت کا علم ہوتا، وہ اس شخص کو سخت سزا دیتا۔

اس کے بعد شیر شاہ فریادیوں اور مصیبت زدہ لوگوں کی شکایتیں سنتا تھا۔ وہ ہر ایک کے ساتھ عدل و انصاف اور غیر جانبدارانہ سلوک کرنا ضروری خیال کرتا تھا۔ اس کا قول تھا: "عدل اعلیٰ ترین مذہبی اصول ہے۔ اس فریضہ کی بجا آوری مسلمان ہو یا ہندو، دونوں کے لیے مقدس ہے۔" وہ سلطنت کے تمام امور کی نگرانی خود کرتا تھا۔ اس نے اپنے شب و روز کو اس طرح تقسیم کر دیا تھا کہ ہر کام وقت پر انجام پاتا تھا۔ اُسے بے عملی اور کاہلی کی زندگی سے شدید نفرت تھی۔ اس کے قول و عمل میں کوئی تضاد نہیں تھا۔ وہ کہا کرتا تھا کہ اعلیٰ حکام کو ہمیشہ باعمل ہونا چاہیے۔ انھیں اپنے عہدے کی اہمیت اور اعلیٰ مقام حاصل ہونے کے باعث امور سلطنت کو ہرگز معمولی نہیں سمجھنا چاہیے۔ بادشاہ کو اپنے وزیروں پر ضرورت سے زیادہ اعتبار نہیں کرنا چاہیے۔ دوسرے معاصر حکمرانوں کے وزرار اور درباری بد دیانت تھے اسی وجہ سے وہ حکمران کمزور ہو گئے اور ان کی اس کمزوری سے فائدہ اٹھا کر وہ ہندوستان کا بادشاہ بن سکا تھا۔ بادشاہ کا فرض ہے کہ وہ اس بات کا پوری طرح اطمینان کر لے کہ اس کے وزیر اور حکام بد دیانت نہ ہوں۔ رشوت لینے اور دینے والے تمام افسران

اس قابل نہیں کہ کسی بادشاہ کی ملازمت میں ہوں۔ مجھے ایسے شخص کو اپنے قریب دیکھ کر نفرت ہوتی ہے جو رشوت لیتا ہے کیوں کہ ایسا شخص کبھی اپنے آقا کا وفادار نہیں ہو سکتا بلکہ اس کے اعمال سے سلطنت اور بادشاہ دونوں کو ناقابل تلافی نقصان پہنچ سکتا ہے۔" اس نے کہا تھا۔

جب شیر شاہ کی سلطنت مستحکم ہوگئی تو اس نے رعایا کو ہر طرح کے ظلم و ستم سے محفوظ رکھنا اپنا اولین فرض سمجھا۔ کہا جاتا ہے کہ اس نے ظالم کارندوں پر کبھی رحم نہیں کیا۔ یہاں تک کہ اگر اس کے قریبی رشتے دار، بھائی اور بیٹے کسی جرم میں شریک ثابت ہو جاتے تھے تو وہ انھیں بھی معاف نہیں کرتا تھا اور ان کے ساتھ اس کا وہی سلوک ہوتا تھا جو اس طرح کے دوسرے مجرموں کے ساتھ۔ اس کے کردار کی قابل تعریف خصوصیت یہ تھی کہ وہ ظالموں اور غیر منصفوں کو سزا دینے میں کسی طرح کی تاخیر نہ کرتا تھا۔

اس کے دورِ حکومت میں گھوڑوں کو داغنے کا رواج شروع ہوا۔ اس سے قبل کوئی حکمران اس کام کو عملی جامہ نہیں پہنا سکا تھا۔ اس کا قول تھا کہ سرداروں اور عام سپاہیوں کے اختیارات میں امتیاز کے لیے یہ رواج نہایت ضروری ہے۔ سپہ سالاروں کے مظالم سے عام فوجیوں کے بچاؤ کے لیے اس نے یہ انتظام کیا تھا۔ اس کی خواہش تھی کہ ہر ایک سردار اتنے ہی سپاہی اور گھوڑے اپنے پاس رکھے جتنے اس کے منصب کے لحاظ سے اسے رکھنے کا حق ہے۔ اس ضمن میں اس کا کہنا تھا:
"میں نے ذاتی طور پر سلطان ابراہیم کے زمانے میں اور اس کے بعد بھی اکثر دیکھا ہے کہ تنخواہوں کی ادائگی کے وقت اکثر بے ایمان سردار اپنے ذاتی گھوڑ سواروں کے علاوہ بھی کثرت سے سپاہی لاتے تھے اور بادشاہ کے سامنے پیش کرتے تھے۔ لیکن شاہی خزانے سے تنخواہیں اور جاگیریں حاصل کر لینے کے بعد زیادہ تر شہ سواروں کو بغیر تنخواہ ادا کیے علیحدہ کر دیتے تھے۔ وہ صرف گنے چنے سپاہی اپنی ملازمت میں رکھتے تھے اور انھیں بھی پوری تنخواہ ادا نہیں کرتے تھے۔ اپنے اس فعل پر نہ تو وہ شرمندہ ہوتے تھے نہ ہی انھیں اس بات کا احساس ہوتا تھا کہ ان کے اس عمل سے بادشاہ کو کتنا نقصان برداشت کرنا پڑتا ہے۔ ان کی بے شرمی کی انتہا یہ تھی کہ جب سلطان انھیں دوبارہ معائنے کے لیے سپاہی اور گھوڑے بھیجنے کے لیے حکم دیتا تھا تو وہ نئے فوجی اور گھوڑے لا کر سامنے کھڑے کر دیتے تھے۔ اس طرح سرکاری خزانے سے موصول ہونے والی تمام دولت ان کی جیب میں جاتی تھی۔ جنگ کے موقع پر ناکافی فوج کے باعث سلطان کو شکست کا منہ دیکھنا پڑتا تھا۔ یہ بے ایمان سردار کافی دولت جمع کر لینے کے بعد بادشاہ کے خلاف بغاوت سے بھی نہ چوکتے

تھے۔ جب کبھی وہ بادشاہ کی پوزیشن نازک دیکھتے تھے تو یا تو اس کے دشمن سے مل جاتے تھے یا خود اس کے خلاف بغاوت کر کے اپنے علاقے میں خود مختار حکمراں بن جاتے تھے۔ اس طرح بادشاہ کی تباہی و بربادی سے خود ان پر کسی طرح کی آنچ نہ آتی تھی۔ جب خداوند کریم نے مجھے ہندوستان کا تاج و تخت عنایت فرمایا تو میں نے عہد کیا کہ ان بددیانت سرداروں اور فوجیوں سے ہوشیار رہوں گا اور کبھی ان کا اعتبار نہ کروں گا۔ اسی لیے حکومت کی باگ ڈور سنبھالتے ہی میں نے گھوڑوں کو داغے جانے کا حکم دیا۔ اس طرح سردار معائنے کے وقت نہ تو نئے گھوڑے پیش نہیں کر سکتے اور نہ ہی کم سپاہی اور گھوڑے رکھ کر پوری تنخواہ مجھ سے وصول کر سکتے ہیں۔" ؎

سخت نگرانی اور کنٹرول

شیر شاہ نے سرداروں کی تنخواہیں اس وقت تک کے لیے روک لیں جب تک کہ ان کے گھوڑوں کو داغ نہ دیا جائے۔ اُس نے یہ رواج اس حد تک عام کیا کہ شاہی محل کی کنیزیں، خواصیں اور نچلے درجے کے ملازمین تک کو بغیر داغ لگوائے تنخواہ وصول کرنے کا حق نہ تھا۔ اس کے نقل نویس سپاہیوں اور گھوڑوں کے حلیے اپنے دفتروں میں درج کرتے تھے اور وہ ان کی بنیاد پر گھوڑوں اور سپاہیوں کا معائنہ کرتا تھا۔ کہا جاتا ہے کہ سپاہیوں کی تنخواہیں معین کرتے وقت وہ بہت احتیاط اور دیدہ ریزی سے جانچ پڑتال کرتا تھا اور اپنے سامنے ان کے گھوڑوں کو داغ لگواتا تھا۔ وہ ہر ایک کارندے سے الگ الگ گفتگو کرتا تھا۔ پرانے فوجیوں کا معائنہ کرتا تھا۔ نئے بھرتی شدہ سپاہیوں سے پوچھ تاچھ کرتا تھا اور افغانوں سے ان کی مادری زبان میں گفتگو کرتا تھا۔ کہا جاتا ہے کہ اگر کوئی افغان اُسے اپنی مادری زبان (فارسی) میں صحیح جواب دیتا تھا تو وہ اسے ایک تیر چلانے کا حکم دیتا تھا اور اگر تیر ٹھیک نشانے پر لگ جاتا تھا تو وہ فوراً اس کی تنخواہ میں اضافہ کر دیتا تھا۔ وہ اکثر کہا کرتا تھا: "افغانی زبان میرے لیے ایک دوست اور معاون کا کام کرتی ہے۔" اسی وقت وہ سلطنت کے مختلف علاقوں سے بھیجے گئے سرکاری خزانے کا بھی معائنہ کرتا تھا۔ اس کے ساتھ ساتھ ہی وہ اپنے سرداروں، زمینداروں، عاملوں اور دوسرے

؎ تاریخ خان جہاں (قلمی نسخہ ص ۱۸۷) کے مطابق علاء الدین خلجی نے سب سے پہلے یہ دستور رائج کیا تھا۔

ملکوں سے آئے ہوئے سفیروں سے ملاقات اور گفتگو کرتا تھا۔ وہ اپنے امینوں کی ارسال کردہ رپورٹوں کو غور سے سنتا اور اپنی فہم و فراست کے مطابق منشیوں سے ان کے جوابات تحریر کرواتا جب ڈھائی گھڑی دن گزر جاتا تو وہ سرکردہ علماء اور مذہبی رہنماؤں کے ہمراہ ناشتے کے لیے شاہی محل میں چلا جاتا اور دربار تھوڑی مدّت کے لیے برخاست ہو جاتا۔

ناشتے سے فارغ ہو کر وہ دوبارہ دربار میں آجاتا تھا اور دوپہر تک سرکاری کاموں میں مشغول رہتا تھا۔ نماز ظہر کی ادائیگی کے بعد وہ مختصر سا کھانا کھاتا تھا اور کچھ دیر کے لیے قیلولہ کرتا تھا۔ آرام کرنے کے بعد عصر کی نماز وہ علماء اور شیوخ کے ساتھ باجماعت ادا کرتا اور پھر تلاوت قرآن شریف میں مشغول ہو جاتا۔ تلاوت کلام پاک سے فارغ ہو کر وہ پھر سلطنت کے مختلف امور کی انجام دہی میں لگ جاتا تھا۔ وہ اپنے اصولوں پر سختی سے عمل کرتا تھا خواہ وہ دربار میں ہو، شاہی محل میں ہو یا میدانِ جنگ میں۔ اس کے اوقات کار میں سرمو فرق نہ آتا تھا۔

حکومتی نظم و نسق کے اصول

اس نے سلطنت کے خزانے کو بڑھانے، زراعت کو ترقی دینے اور مال گزاری کی منظم اور بروقت وصولیاتی کے لیے بے حد آسان قابل عمل قواعد ترتیب دیے۔

شیر شاہ نے ہر ایک پرگنے میں ایک امین، ایک رحمدل شقدار، ایک خزانچی، ایک فارسی محرر اور ایک ہندی کا محرر یا منشی مقرّر کیا۔ اس نے اپنے کارندوں کو ہر فصل کے بعد زمین کی پیمائش کا حکم دیا تاکہ وہ پیمائش کے مطابق اور پیداوار کے تناسب سے لگان وصول کریں۔ اس نے قانون بنا دیا کہ کاشت کار کو پیداوار کا ایک حصہ اور اس کا نصف مقدم کو دیا جائے۔ چنانچہ لگان پیداوار کی مناسبت سے وصول کیا جانے لگا اور غریب کسان مقدّموں، چودھریوں اور عاملوں کے ظلم و ستم سے محفوظ ہو گئے۔ شیر شاہ نے کاشتکاروں کو سلطنت کی فلاح و بہبود کے لیے اہم ستون مانا۔ اس لیے اس نے انھیں ہر طرح مطمئن و مسرور رکھنے کی ہر ممکن تدبیر اختیار کی۔ شیر شاہ کے برسر اقتدار آنے سے قبل ہر پرگنہ میں ایک قانون گو ہوا کرتا تھا جس کے پاس گذشتہ، موجودہ اور آیندہ کی متوقع پیداوار کی تفصیل کا ریکارڈ محفوظ ہوتا تھا۔ اس نے ہر ایک سرکار میں ایک شقدار شقداران اور ایک منصفِ منصفان (چیف جسٹس) کا تقرّر کیا۔ انھیں سرکاری عاملوں کے رویّہ اور عوام کے اعمال و افکار پر نگرانی کا اہم فریضہ سونپا گیا۔ انھیں حکم دیا گیا کہ عاملوں کو ہرگز اجازت نہ دیں کہ وہ رعایا کو

کسی طرح کی تکلیف پہنچا سکیں اور نہ انھیں مال گزاری میں چوری اور خیانت کرنے کا موقع دیں۔ شقدار شقداران کو حق دیا گیا کہ زمین اور اس کی سرحدوں سے متعلق عاملوں کے جھگڑوں کا تصفیہ کریں۔ اس کے علاوہ سرکار میں مکمل امن اور نظم و نسق برقرار رکھنے کے لیے بھی انھیں ذمہ دار بنایا گیا۔ اگر کاشت کار لگان ادا کرنے کے سلسلے میں فساد پر آمادہ ہوں تو افسران کو اختیار دیا گیا کہ وہ طاقت سے انھیں دبائیں۔

شیر شاہ ہر سال ورنہ ہر دوسرے سال ضرور اپنے کارندوں کو ایک جگہ سے دوسری جگہ تبدیل کر دیتا تھا۔ اس سلسلے میں اس کا کہنا تھا: "میں نے کافی غور و خوض کے بعد نتیجہ نکالا ہے کہ ایک ضلع میں حکومت کرنے سے بہتر دوسرا نفع بخش کوئی کام نہیں ہے۔ چنانچہ میں اپنے قدیم اور وفادار خدمت گاروں کو ضلعوں کا منتظم بنا کر انھیں فائدہ پہنچانے کی غرض سے بھیجتا ہوں لیکن چوں کہ میں چاہتا ہوں کہ میرے تمام بہی خواہوں اور خدمت گاروں کو فائدہ پہنچے اس لیے انھیں ایک جگہ سے دوسرے مقام پر منتقل کرتا رہتا ہوں۔"

فوجی تنظیم

شیر شاہ نے ایک عظیم الشان شاہی فوج کی بھی تنظیم کی۔ اس نے فوج کو مختلف دستوں میں تقسیم کر کے سلطنت کی بڑی بڑی چھاؤنیوں میں بھیج دیا۔ یہ دستے باری باری سے معائنے کے لیے دارالخلافہ میں آیا کرتے تھے۔ شیر شاہ کے سپاہیوں کی تعداد بہت زیادہ تھی اور ان میں ہر سال معتدبہ اضافہ ہوتا رہتا تھا۔ اس کی فوج کی اہم ذمہ داری تھی: سلطنت کے کسی بھی حصہ میں بغاوت کو کچلنا، باغی زمین داروں کو قابو میں رکھنا۔ سلطنت کی توسیع کے لیے نئے علاقوں کو فتح کرنا اور رعایا میں امن و امان برقرار رکھنا۔ اس کی فوج میں ڈیڑھ لاکھ گھڑسوار، پچیس ہزار پیادے، بے شمار بندوقچی اور لاتعداد تیر انداز تھے۔ یہ فوجی جنگ کے میدان میں جانے کے لیے ہر وقت تیار رہتے تھے۔

اس کے علاوہ اس کے ماتحت سرداروں کے پاس بھی بڑی فوجیں تھیں جو ضرورت کے مطابق شیر شاہ کے حکم پر حاضر کی جاتی تھیں۔ اس کے ایک معروف سردار، ہیبت خاں نیازی جسے شیر شاہ نے اعظم ہمایوں کے خطاب سے نوازا تھا، کے پاس تیس ہزار گھڑسوار تھے۔ انہی سواروں کی مدد سے اس نے روہتاس کے قلعہ اور اس کے قرب و جوار اور بال ناتھ کے آس پاس کے تمام باغیوں کی سرکوبی کی تھی۔ گکھڑ اور کشمیر کے علاقے کو فسادیوں سے محفوظ رکھا۔ شیر شاہ کے ایک دوسرے

سپہ سالار فتح جنگ خاں کے پاس بھی دیپال پور اور ملتان کے قلعوں میں بڑے فوجی دستے موجود رہتے تھے۔ شیر شاہ کے خزانے کا زیادہ بڑا حصہ ملتان کے قلعہ میں دفن کیا ہوا تھا۔ اس کا ایک مشہور سپہ سالار حمید خاں گکر ملوٹ کے قلعہ کا حاکم تھا۔ یہ قلعہ سلطان بہلول لودی کے عہد میں تاتار خاں یوسف خیل نے تعمیر کروایا تھا۔ اس قلعہ میں حمید کے پاس ایک عظیم فوج موجود رہتی تھی۔ اس فوج کی مدد سے اس نے گرگوٹ، جوالا، دھدھاول اور جموں کی پہاڑیوں میں واقع قلعوں کی اس خوش اسلوبی سے حفاظت کی کہ وہاں کی ساری بغاوتیں آسانی سے ختم کر دی گئیں اور تمام پہاڑی قبائل بغیر کسی دشواری یا حیل حجت سرکاری لگان ادا کرنے لگے۔

باغیوں کا خاتمہ

اس نے مسند عالی خواص خاں کو سرہند کی سرکار بطورِ جاگیر عطا کی۔ اس سرکار کی دیکھ بھال اور انتظام کی ذمہ داری ملک بھگونت جو اس کا ملازم تھا، کو سونپی گئی اور دلی کو اس کی راج دھانی بنایا گیا تھا۔ ملک بھگونت کے ماتحت میاں احمد خاں سروانی کو امیر، عادل کو شقدار اور حاکم خاں کو فوجدار مقرر کیا گیا۔ جب سنبھل کی سرکار کا مقدم وہاں کے منصف ناصر خاں کے مظالم سے عاجز آ کر بھاگ گیا تو شیر شاہ نے مسندِ عالی عیسیٰ خاں کو سنبھل بھیجا جو مسند عالی ہیبت خاں کالکاپور سروانی کا بیٹا تھا اور جسے خانِ اعظم کا خطاب دیا گیا تھا۔ خان اعظم سلطان بہلول لودی اور سکندر لودی کا وزیرِ اعظم بھی رہ چکا تھا۔ شیر شاہ نے ہیبت خاں کے بیٹے کو رخصت کرتے وقت کہا کہ میں نے کانت، گولا اور تلہر کے پرگنے تمہارے خاندان اور قدیم ملازم سواروں کی گذر بسر کے لیے دے دیے ہیں۔ تم پانچ ہزار نئے سوار بھرتی کرو اور انھیں لے کر سنبھل پہنچو اور وہاں کے جھگڑوں کو ختم کرو۔ شرارت پسند زمینداروں کو سخت سزا دو اور مکمل نظم و نسق اور امن و امان قائم کرو۔

کہا جاتا ہے کہ جب مسند عالی عیسیٰ خاں، جو بہادری اور دلیری میں شیر سے کم نہ تھا، سنبھل پہنچا تو اس نے اپنی فوجی طاقت کام میں لا کر تمام باغی زمینداروں کو اتنی کامیابی سے ختم کر دیا کہ باقی سبھی زمیندار ہمیشہ ہمیشہ کے لیے دل و جان سے شیر شاہ کے اطاعت گذار اور فرماں بردار ہو گئے۔ جب عیسیٰ خاں نے ان کے جنگلوں کو کاٹ ڈالنے کا حکم دیا تب بھی انھوں نے مطلق مزاحمت نہیں کی اور اپنے ہاتھوں سے ان جنگلوں کو کاٹ ڈالا جن پر وہ جان چھڑکتے تھے اور بچوں کی مانند عزیز رکھتے تھے۔ انھوں نے اپنے مفسدانہ رویہ پر اظہار افسوس کیا اور پر امن زندگی گزارنے کا عہد کیا اور بخوشی

شاہی خزانے میں لگان جمع کرنے لگے۔

شیر شاہ عیسیٰ خاں کی کارگزاری سے حد درجہ متاثر ہوا۔ اس نے عیسیٰ خاں کی اور میاں احمد کی دل کھول کر تعریف کرتے ہوئے کہا: "عیسیٰ خاں اور میاں احمد جیسے سروانی سورماؤں کی دلیری اور بہادری کے باعث مجھے دلی سے لکھنؤتک کے علاقوں میں کسی طرح کے خطرے کا ڈر نہیں رہا۔"

اسی طرح قنوج کے شقدار بیرک نیازی نے پرگنہ مالکونساہ کے باغیوں اور ڈاکوؤں کو اتنی سختی سے سزادی کہ پھر اس کے کسی علاقے میں کبھی کسی کو سر اٹھانے کی ہمت نہ ہوئی۔ بیان کیا جاتا ہے کہ اس کی سختی سے قنوج کے لوگ اس درجہ خائف رہتے تھے کہ کوئی بھی شخص اپنے گھر میں لوہے کا بنا کوئی بھی اسلحہ یا تلوار، تیر کمان یا بندوق رکھنے کی ہمت نہیں رکھتا تھا۔ ان کے گھروں میں صرف کھانے پکانے کے برتن ہوتے تھے یا کھیتی باڑی سے متعلق اوزار۔ جب کبھی کسی مقدم کو وہ اپنے دربار میں طلب کرتا تھا تو وہ دوڑ کر اس کی خدمت میں حاضر ہوتا تھا۔ ان علاقوں کے کاشت کار اس کی سخت گیری کے خوف سے ٹھیک وقت پر پورا پورا لگان سرکاری خزانے میں جمع کرانے پر مجبور ہو گئے تھے۔

یہ بھی کہا جاتا ہے کہ وہ باری باری سپاہیوں اور سرداروں کو راحت و آرام مہیا کرنے اور جنگ کے میدان کی صعوبتیں برداشت کرنے کا موقع دیا کرتا تھا۔ جو سپاہی جنگ میں کامیاب ہو کر واپس آتے تھے انھیں وہ جاگیروں پر آرام کرنے کے لیے بھیج دیا کرتا اور ان کی جگہ پر جاگیروں سے ان سپاہیوں کو طلب کر لیتا جو آرام کرنے اور چھٹیاں گزارنے کے لیے گئے ہوئے ہوتے۔ انھیں بلا کر جنگ کے میدانوں میں بھیج دیتا تھا۔

عدالتیں، شاہراہیں اور سرائیں

شیر شاہ نے تمام بڑے بڑے شہروں میں عدالتیں قائم کیں۔ تمام ملک میں دو دو کوس کی دوری پر مسافروں کے لیے سرائیں تعمیر کیں۔ اس نے ایک شاہراہ اعظم مشرق میں بنگال کے سمندری کنارے پر واقع سونار گاؤں نامی شہر سے لے کر مغرب میں پنجاب میں واقع قلعہ روہتاس تک بنوائی۔ اس شاہراہ پر شیر شاہ نے متعدد سرائیں مسافروں کے آرام اور سہولت کے لیے تعمیر کیں۔ اس کے علاوہ اس نے اور سڑکیں بھی بنوائیں۔ ان میں سے ایک آگرہ سے جنوب کی سمت برہان پور تک، دوسری آگرہ سے جودھ پور اور چتوڑ تک اور تیسری لاہور سے ملتان تک تھی۔ اس نے ان سڑکوں پر تقریباً ستره سو کاروان سرائیں بنوائیں۔

شیر شاہ نے ہر سرائے میں ہندوؤں اور مسلمانوں کے لیے قیام اور طعام کا الگ الگ انتظام

کیا تھا۔ ہرایک سرائے کے دروازے کے باہر مسافروں کے لیے ٹھنڈے پانی سے بھرے مٹکے رکھے رہتے تھے۔ ہندو مسافروں کو کھانا کھلانے، ان کے لیے گرم اور ٹھنڈے پانی کا انتظام کرنے اور ان کے گھوڑوں کو دانہ پانی دینے کے لیے ہندو خدمت گار اور برہمن ملازم رکھے گئے تھے۔ سرائے میں آنے والے ہر مسافر کو سرکار کی جانب سے کھانا وغیرہ مفت ملتا تھا۔ ان آرام گاہوں کے آس پاس گاؤں بسائے گئے۔ ہرایک سرائے میں ایک کنواں اور پختہ مسجد بھی تعمیر کی گئی تھی۔ ہر مسجد میں ایک امام اور ایک مؤذن کا تقرر کیا گیا۔ مسافروں کے مال و اسباب کی حفاظت کے لیے کئی چوکیدار بھی ملازم تھے۔ ان سرکاری ملازمین کی نگرانی پر ایک ناظم یعنی شحنہ مقرر ہوتا تھا۔ ان سب ملازمین کے گزارے کے لیے، تنخواہوں کی ادائیگی اور سرائے کے انتظام و اخراجات کے لیے کئی گاؤں کا محصول وقف کر دیا جاتا تھا۔ ہر سرائے میں دو گھوڑے بھی ساز و سامان سے لیس رہتے تھے تاکہ ضرورت پڑنے پر بلا تاخیر دارالحکومت خبریں بھیجی جاسکیں۔ شیر شاہ نے سڑکوں کے دونوں طرف پھل دار اور سایہ دار درخت لگوائے تاکہ گرمی کے موسم میں مسافران کے سائے تلے آرام کرسکیں۔ ـــــ

شیر شاہ نے لاہور سے خراسان (ایران) جانے والی سڑک پر روہتاس کا مشہور قلعہ بھی بنوایا۔ یہ بال ناتھ جوگی کے ٹیلے کے قریب 'بہبت ندی' سے چار کوس کے فاصلے پر اور لاہور کے قلعے سے ساٹھ کوس کی دوری پر واقع ہے۔ کشمیر اور گکھڑوں کے علاقے میں ہونے والی بغاوتوں کو کچلنے کے لیے اس نے اس قلعہ کو بے حد مضبوط بنوایا تھا۔ کہا جاتا ہے کہ اس قلعہ کی مضبوطی اور استحکام کا مقابلہ دوسرا کوئی قلعہ نہیں کرسکتا اور شیر شاہ نے اس کے تعمیر پر زرِ کثیر صرف کیا تھا۔ قلعہ کی تعمیر کے موقع پر سرکاری کارندوں کو ایک ہی قسم پتھر دستیاب کرنے میں بے حد مشکلات پیش آرہی تھیں۔ انھوں نے بادشاہ کی خدمت میں رپورٹ بھیجی کہ یہیں قلعہ کے لیے پتھر دستیاب نہیں ہو رہے اور اگر کہیں سے ملتے بھی ہیں تو ان کی قیمت بے حد زیادہ مانگی جاتی ہے۔ شیر شاہ نے جواباً حکم نامہ بھیجا کہ کسی بھی صورت میں قلعہ کی تعمیر ملتوی نہ کی جائے اور اگر انھیں پتھر کے وزن کے برابر تانبے کے سکے قیمت میں ادا کرنا پڑیں، تب بھی گریز نہ کریں اور پتھر خرید لیں۔ آخرش شیر شاہ کے افسروں کو قلعہ کی تعمیر مکمل کر کے سرخروئی حاصل ہوئی۔ شیر شاہ نے بہ نفس نفیس اس کا معائنہ کیا اور افتتاح کیا۔ اس نے اس قلعہ کا نام روہتاس خورد رکھا۔ 'تاریخ داؤدی' میں درج ہے کہ شیر شاہ نے اسے نئے روہتاس کا نام دیا اور اس پر اسی کروڑ پانچ لاکھ پانچ ہزار دو 'داس'، یا 'بہلولی' خرچ کیے۔ اس خرچ کی تفصیل قلعہ کے صدر دروازے پر کندہ ہے۔

دلّی کا قلعہ

شیر شاہ نے پرانے دارالسلطنت کو جو جمنا سے کافی دور تھا، اجاڑ کر اپنا نیا دارالسلطنت جمنا کے کنارے آباد کیا۔ اس نے یہاں دو نہایت مضبوط اور بلند قلعے بنوائے۔ ایک میں دلّی کے حاکم کے دفاتر تھے اور دوسرے میں شاہی فوج کا قیام رہتا تھا۔ شیر شاہ نے ان قلعوں کے گرد ایک فصیل بھی بنوائی۔ چھوٹے قلعہ میں پتھر کی نہایت خوبصورت جامع مسجد بنوائی۔ جو نقاشی اور اپنی خوبصورتی کے لیے آج بھی موجود ہے۔ ان قلعوں کی تعمیر ابھی تکمیل کو نہ پہنچی تھی کہ بد قسمتی سے شیر شاہ کا انتقال ہو گیا۔

شیر شاہ نے قنوج کے پرانے شہر اور دارالحکومت کو بھی نیست و نابود کر دیا اور اس کی بجائے پختہ اینٹوں کا ایک قلعہ تعمیر کیا۔ جس مقام پر اس نے ۱۵۴۰ء میں ہمایوں کو شکست دی تھی اس جگہ 'شیر سور' نامی شہر بسایا۔

ان قلعوں کی اہمیت کے سلسلے میں شیر شاہ نے ایک بار خود کہا تھا: "اگر میں زندہ رہا تو ہر علاقے میں ایک مناسب مقام پر ایسا قلعہ بنواؤں گا جہاں سے رعایا کو مفسدوں کے ظلم و ستم سے مکمل طور پر محفوظ رکھا جا سکے۔ میں چونے مٹی سے بنی ہوئی سراؤں کی جگہ اینٹوں کی سرائیں تعمیر کرنا چاہتا ہوں تاکہ ان میں نہ صرف مسافروں کو زیادہ سے زیادہ آرام اور سہولتیں میسر آ سکیں بلکہ ان کی جان و مال بھی ڈاکوؤں اور رہزنوں سے محفوظ رہ سکے۔"

شاہراہوں کی حفاظت

سڑکوں اور دیگر مقامات کو ہر لحاظ سے چاروں طرف سے ڈاکوؤں اور رہزنوں سے محفوظ رکھنے کے لیے اس نے نہایت عمدہ اور سخت قوانین جاری کیے۔ اس نے ہر ایک عامل اور شقدار کو حکم جاری کیا: اگر ان کے علاقے میں کہیں بھی چوری یا ڈاکہ زنی کی واردات ہو جائے اور مجرموں کا سراغ نہ مل رہا ہو تو انھیں لازم ہے کہ فوراً ہی قریبی گاؤں کے مقدم (مکھیا) کو قید کر لیں اور کل نقصان کی تلافی مقدم سے کروائیں۔ لیکن اگر مکھیا مجرموں کا پتہ لگانے میں مدد کرتے ہیں تو پھر ان کو کسی قسم کی سزا نہیں ملنی چاہئے بلکہ مجرموں کو سخت ترین سزا دی جانی چاہیے۔" چوروں، ڈاکوؤں اور قاتلوں کو اسلامی شریعت کے مطابق سزائیں ملتی تھیں۔ کہا جاتا ہے کہ قاتلوں کا سراغ نہ ملنے پر

مقدموں (مکھیاؤں) کو سزائے موت کا سامنا کرنا پڑتا تھا لیکن اگر وہ قاتلوں کا سراغ لگانے میں عاملوں یا شقداروں کی مدد کرتے تھے تو انھیں بجائے سزا کے انعامات سے نوازا جاتا تھا۔ شیر شاہ جانتا تھا کہ گاؤں میں چوری، ڈاکہ یا قتل مقدم کے تعاون سے ہی ہو سکتا ہے، اسی لیے اس نے اتنے سخت قوانین نافذ کیے تھے۔ اگر کسی شقدار کو اس بات کا پتہ چل جاتا تھا کہ فلاں گاؤں کے مقدم مجرموں کو پناہ دیتے ہیں تو ان پناہ دینے والوں کو اتنی سخت سزائیں دی جاتی تھیں کہ وہ کبھی دوبارہ اس طرح کا جرم کرنے کی ہمت نہ کرتے تھے اور ساتھ ہی دوسروں کو بھی عبرت حاصل ہوتی تھی۔ تاریخ داؤدی میں اسی طرح کے گاؤں سے متعلق دو جرائم کے واقعات کا ذکر ملتا ہے۔ ایک بار تھانیشور کے پڑاؤ سے رات کے وقت شیر شاہ کا ایک گھوڑا چوری ہو گیا۔ اس کی چھان بین کے لیے پچاس پچاس کوس کے فاصلے تک سے زمینداروں کو بلوایا گیا۔ شیر شاہ نے ان سب کو فہمائش کی کہ اگر تین دن کے اندر وہ چور اور گھوڑے کا پتہ نہ لگا سکے تو سب کو موت کے گھاٹ اتار دیا جائے گا۔ چنانچہ ان لوگوں نے فوراً چور کو ڈھونڈ نکالا، جسے بعد میں پھانسی کی سزا دی گئی۔ دوسرا واقعہ اٹاوہ میں ہوا۔ زمین کے جھگڑے میں ایک کاشت کار کا قتل ہو گیا تھا۔ بہت تفتیش کے بعد بھی جب قاتل کا سراغ نہ ملا تو شیر شاہ نے اپنے ایک سپاہی کو جائے واردات پر ایک درخت کاٹنے کا حکم دیا۔ ایک شخص نے سپاہی کو درخت کاٹنے سے روکا تو اسے گرفتار کر لیا گیا۔ آخر کار اس شخص کی نشان دہی پر تین دن کے اندر اصل قاتل پکڑا گیا، جسے فوراً ہی موت کی سزا دے دی گئی۔

گاؤوں کی حفاظت

شیر شاہ اور اس کے بیٹے اسلام شاہ کے عہد حکومت میں گاؤوں کی سرحدوں کی حفاظت کے لیے اور گاؤوں میں ہونے والے تمام جرائم کے خاتمہ کے لیے متعلقہ گاؤوں کا مقدم (مکھیا) ہی ذمہ دار ہوتا تھا۔ انھیں مجرموں کو سزا دینے کا بھی پورا اختیار تھا۔ شیر شاہ نے تمام عاملوں کے پاس فرمان بھیجے کہ وہ مسافروں اور تاجروں کی سہولیات اور آرام کی طرف پوری توجہ دیں اور انھیں چوروں، ڈاکوؤں اور زمینداروں کے ظلم و ستم سے محفوظ رکھیں۔ اگر کوئی مسافر دوران سفر میں انتقال کر جاتا تھا تو اس کا مال اسباب یا تو اس کے وارثوں کو سونپ دیا جاتا تھا اور یا غریبوں اور فقیروں کی امداد کے لیے سرکاری خزانے میں جمع کر دیا جاتا تھا۔ اس طرح کوئی سرکاری کارندہ کسی بھی تاجر یا مسافر کی چھوٹی سی چیز بھی خرد برد نہیں کر سکتا تھا۔

درآمدی ٹیکس

شیرشاہ ملک میں درآمد کی جانے والی تمام غیر ملکی چیزوں پر دو جگہ چنگی لیتا تھا۔ اگر بنگال کی طرف سے آمد کی جاتی تو سیکری گلی نامی مقام پر چنگی لگتی تھی اور اگر کوئی جنس خراسان وغیرہ سے شمال و مغرب سے ہندوستان میں درآمد کی جاتی تو سرحدوں پر واقع مختلف چنگی چوکیوں پر ٹیکس لیا جاتا۔ دوسری بار ان چیزوں پر اس مقام پر ٹیکس وصول کیا جاتا جہاں انھیں فروخت کیا جاتا تھا۔ اس کے علاوہ کسی بھی سرکاری کارندے کو حق حاصل نہ تھا کہ کسی دوسری جگہ تاجروں سے کسی طرح کا ٹیکس وصول کرے۔ اس کے حکام اور ملازمین بازار کے بھاؤ سے ہی یہ چیزیں خرید سکتے تھے۔ انھیں کسی طرح کی رعایت حاصل نہ تھی۔

زراعت کا تحفظ

ایک فرمان کے ذریعے شیرشاہ نے اپنی فوجوں کو روانہ کرتے وقت تاکید کی کہ کسانوں کی فصلوں کو نقصان نہ پہنچایا جائے۔ فوج کی روانگی کے وقت وہ خود فصلوں کی نگرانی کرتا تھا اور ان کی حفاظت کی خاطر چاروں طرف گھوڑے سوار سپاہی تعینات کر دیتا تھا۔ روانگی کے وقت شیرشاہ عام طور سے ایک اونچے ٹیلے یا بلند مقام پر کھڑا ہو جاتا تھا جہاں سے وہ اپنی فوج کے ہر فرد کو دیکھ سکتا تھا۔ اگر اتفاق سے وہ کسی سپاہی کو جان بوجھ فصل کا نقصان کرتے دیکھ لیتا تو خود موقع پر پہنچ کر اس کے کان کاٹ لیتا اور کٹی ہوئی فصل کی بالیاں اس کے گلے میں ڈال کر پوری فوج میں چکر لگواتا۔ واقعات مشتاقی اور تاریخ داؤدی کے بیان کے مطابق ایک بار شیرشاہ نے مالوہ جاتے ہوئے راستہ میں ایک اونٹنی سوار کو کھیت میں ہرے مٹر توڑنے پر سخت سزا دی۔ اس نے سوار کی ناک میں سوراخ کر کے پاؤں باندھ دیے اور ایک مقام پر سر کے بل الٹا لٹکا دیا۔ جب تک فوج کوچ کرتی رہی وہ سپاہی اسی حالت میں الٹا لٹکا رہا۔ اس تادیب کے بعد کسی بھی سپاہی کو فصل کو نقصان پہنچانے کی جرأت نہ ہوئی۔ راستہ تنگ ہونے کے باعث کبھی کبھی فوج کو کھیتوں کے بیچ میں سے ہو کر گزرنا پڑتا تھا اور اس طرح فصلوں کو نقصان پہنچتا تھا تو اس نقصان کی تلافی میں سرکاری خزانے سے معقول رقم کی شکل میں کسانوں کو پیش کی جاتی تھی۔ یہ بھی بیان کیا جاتا ہے کہ اگر کبھی فوج کو کھیتوں کے قریب قیام کرنا پڑ جاتا تو وہ خود فصلوں کی رکھوالی کا کام انجام دیتے تھے تا کہ کوئی

دوسرا شخص فصلوں کو نقصان نہ پہنچائے اور اس کے جرم کی سزا ان فوجیوں کو نہ بھگتنی پڑے کیوں کہ شیر شاہ کبھی معاف نہ کرتا تھا۔

شیر شاہ جب کسی دشمن کا علاقہ فتح کرتا تو اس کے سپاہی نہ تو وہاں کے کسانوں کو لوٹ سکتے تھے اور نہ انھیں غلام بنا سکتے تھے۔ وہ کہا کرتا تھا: "کاشتکار غریب بے گناہ ہوتے ہیں۔ وہ اسی کی اطاعت قبول کرتے ہیں جو ان پر حکومت کرنے کی طاقت رکھتا ہو۔ اگر میں ان پر سختی کروں گا تو کھیتی باڑی چھوڑ کر جنگلوں میں بھاگ جائیں گے اور ان علاقوں کو دوبارہ آباد کرنے اور خوشحال بنانے میں بہت دقت بھی لگے گا اور محنت بھی کرنا پڑے گی۔" کہا جاتا ہے کہ اس کے دشمن بھی اس کی سخاوت و بخشش، انصاف پسندی، منصف مزاجی اور غیر جانب داری کے معترف و مداح تھے اور اس حد تک اس کی خوبیوں سے متاثر تھے کہ وقتاً فوقتاً اس کی فوج کو رسد وغیرہ خود پہنچاتے تھے۔

سخاوت

شیر شاہ سخاوت اور بخشش میں کبھی تامل نہ کرتا تھا۔ وہ تمام دن بخشش دینے اور خطابات عطا کرنے میں مشغول رہتا تھا۔ ہندوستان کی بادشاہت کے حصول میں اس کے اس وصف کا بھی بڑا ہاتھ تھا۔ جب کبھی اس کے سپاہی کسی مصیبت میں گرفتار ہو جاتے تو وہ ان کا سہارا بن جاتا اور ان کو ہر طرح کی مدد بہم پہنچا کر انھیں خوش اور مطمئن رکھنے کی کوشش کرتا۔ ہر روز وہ ان گنت غریبوں کو خیرات دے کر اپنا ممنون احسان بناتا۔ اس کا مطبخ بہت بڑا تھا جہاں کئی ہزار سپاہی اور اس کے ملازمین جنجبیں، فیاحی، کہتے تھے ایک ساتھ کھانا کھاتے تھے۔ شیر شاہ کی جانب سے یہ حکم عام تھا کہ کوئی بھی بھوکا پیاسا، سپاہی، فقیر اور کسان شاہی مطبخ سے مفت کھانا حاصل کر سکتا ہے۔ اس نے کئی مقامات پر سرکاری مطبخ قائم کر رکھے تھے جہاں غریبوں میں روزانہ مفت کھانا تقسیم کیا جاتا تھا۔ ان مطبخوں کا روزانہ خرچ پانچ سو اشرفی (سونے کا سکہ) تھا۔

شیر شاہ کے علم میں لایا گیا کہ سلطان ابراہیم لودی کے زمانے سے کچھ ائمہ اور مذہبی اشخاص نے عاملوں کو رشوت دے کر ان زمینوں پر قبضہ کر رکھا ہے جو درحقیقت ان کی ملکیت نہیں ہیں۔ شیر شاہ نے فوراً ان کی جاگیریں ضبط کرلیں اور تحقیق کے بعد اتنی زمین دے دی جتنی ان کے گزارے کے لیے ضروری تھی اور جو درحقیقت ان کے پاس قدیم زمانے سے چلی آرہی تھی۔ اس نے سرکاری خزانے سے یتیموں، بیواؤں، بیماروں، لنگڑے لولوں، اندھوں، بوڑھوں اور اپاہجوں کے وظیفے مقرر کیے۔

اور ان کے ذمہ مسجدوں سے متعلق تمام امور کر دیے۔

اس کے فرمان تحریری صورت میں پرگنوں کے شقداروں کے پاس ہرکاروں کے ذریعے پہنچتے تھے۔ سب سے پہلے فرمان کے بموجب شقدار مسجد کے اماموں اور دیگر مذہبی اشخاص کو ان کی مقررہ تنخواہیں ادا کرتے تھے۔ اس کے بعد سلطنت سے متعلق دوسرے احکام کی بجا آوری کرتے تھے۔ شیر شاہ اس کے حق میں نہ تھا کہ آئمہ مساجد کے پاس ضلع کے فرمان بھیجے بلکہ وہ شقداروں کے ذریعے مالی امداد دینا زیادہ بہتر سمجھتا تھا۔ وہ اکثر کہا کرتا تھا: "بادشاہوں کو چاہیے آئمہ مساجد کی مالی امداد کریں، کیوں کہ ہندوستان کے شہروں کی فلاح و بہبود کا انحصار انہی آئمہ، شیوخ اور دوسرے مذہبی رہنماؤں پر ہے۔ یہ لوگ ذاتی طور پر میرے دربار میں حاضر ہو سکتے لیکن چوں کہ انھیں گھر بیٹھے میرے خزانے سے مالی امداد ملتی رہتی ہے، اس لیے یہ سب میری تعریفیں کرتے ہیں۔ میری خواہش ہے کہ میں انھیں ہر طرح سے مطمئن اور خوش رکھوں تاکہ یہ مسافروں کو ہر طرح کی امداد بہم پہنچائیں اور دوسرے افراد کو مذہبی تعلیم دیں۔ اپنے علاقے میں نماز قائم کریں۔ میرا خیال ہے اس عمل سے میرا خدا بھی مجھ سے راضی رہے گا اور اس کی نظر میں میں کوئی مقام حاصل کر سکوں گا۔"

افغانوں کا احترام

افغانستان سے آنے والے ہر ایک افغان کو اس کے دربار میں جگہ اور اعزاز واکرام کے علاوہ نقد رقم بھی ملتی تھی۔ وہ انعام دیتے وقت کہا کرتا: "یہ ہندوستان کی سلطنت میں تمہارا حصہ ہے۔ اسے وصول کرنے کے لیے ہر سال تم میرے پاس ہندوستان آیا کرو۔ وہ اپنے اصل وطن روہ میں رہنے والے اپنے خاندانی سور سرداروں کے پاس ہر سال ایک کثیر رقم ارسال کرتا تھا۔ کہا جاتا ہے اس کے دوران سلطنت میں ہندوستان یا روہ میں رہنے والے کسی بھی افغان کے پاس دولت کی کمی نہ تھی اور تمام افغان سردار اور سپاہی امیر اور خوش حال بن گئے تھے۔ سلطان بہلول اور سکندر لودی کے زمانے سے ہی افغان سرداروں کو حکومت کی طرف سے مالی امداد ملنے لگی تھی۔ اس چلن کو شیر شاہ اور اس کے جانشینوں نے بھی جاری رکھا۔

شیر شاہ کے پاس پانچ ہزار ہاتھی بھی تھے۔ اس کے ذاتی ملکیت میں جو گھوڑے تھے ان کی تعداد کا اندازہ لگانا انتہائی دشوار تھا کیوں کہ ان میں متواتر اضافہ ہوتا رہتا تھا۔ کاروان سراؤں میں تین ہزار چار سو تازہ دم گھوڑے ہر وقت تیار رہتے تھے تاکہ ایک جگہ سے دوسری جگہ خبریں اور

ڈاک پہنچا سکیں۔ اس کی سلطنت میں ایک لاکھ تیرہ ہزار گاؤں دیہات شامل تھے۔ اس نے ہر پرگنہ میں ایک منصفدار مقرر کر رکھا تھا۔

اس کی فوج میں لاتعداد سپاہی تھے اور وہ تقریباً ہر روز نئے سپاہی بھرتی کرتا رہتا تھا۔ رعایا کی فلاح و بہبود کے لیے جو قوانین اس نے بنائے ان پر عمل درآمد ہوتا ہے یا نہیں اس کی خبرگیری رکھنے کے لیے شیر شاہ نے جاسوس مقرر کر رکھے تھے۔ اس کے جاسوس بے حد قابلِ اعتماد اشخاص ہوتے تھے اور وہ ہر ایک فوجدار کی فوج کے ساتھ، علاقائی سرکار کے پائے تخت میں اور ہر ایک پرگنے میں متعین ہوتے تھے۔ یہ جاسوس سرداروں، حکام، سپاہیوں اور رعایا سے متعلق ہر چھوٹی بڑی خبر روزانہ یا وقتاً فوقتاً، بنا کسی مبالغے کے بادشاہ کے پاس ارسال کیا کرتے تھے۔ شیر شاہ جانتا تھا کہ حکام، سردار اور ملازمین سلطنت کے مختلف حصوں میں رونما ہونے والے واقعات کی صحیح اطلاعات مرکز کو نہیں بھیجتے۔ اس لیے سلطنت کی خوش انتظامی، مُلک کی خوش حالی اور رعایا کی امن و سلامتی کے لیے شیر شاہ نے محکمہ جاسوسی کو محکم بنانا ضروری سمجھا تھا۔ انہی جاسوسوں کی مدد سے وہ اپنے زیرِ نگیں علاقوں اور صوبوں میں ہونے والی ناانصافیوں اور مظالم کا بروقت ازالہ کر سکا۔

جب شیر شاہ نے شجاعت خاں کو مالوہ کی جاگیر عطا کرنے کا قصد کیا تو شیر شاہ کے وزیروں نے شجاعت خاں کو مشورہ دیتے ہوئے کہا تھا: "اب وقت آ گیا ہے جب آپ جیسے وفادار افغان سرداروں کو اپنی جاگیروں میں اپنے افغان سپاہیوں کو بھی حصہ دار بنانا چاہیے۔ جاگیروں کی آمدنی کا ایک معقول حصہ اپنے لیے رکھ لینے کے بعد بقیہ آمدنی اپنے سپاہیوں میں تقسیم کر دینی چاہیے۔" شجاعت خاں نے اپنی جاگیر پر پہونچ کر کچھ عرصہ تو اس مشورے پر عمل کیا لیکن پھر لالچ میں پڑ کر فوجیوں کا حصہ بھی ہڑپ کر لیا۔ شجاعت خاں کے اس ناروا سلوک سے دو ہزار افغان سوار اور پیادے اس سے ناراض ہو گئے اور انھوں نے شیر شاہ کی خدمت میں شجاعت خاں کی شکایت کرنے کا ارادہ کر لیا، کیوں کہ انھیں یقین تھا کہ شیر شاہ اتنا عادل و منصف ہے کہ اپنے قریب ترین رشتہ داروں کی بھی جانب داری کرتا، وہ ضرور ان کے حقوق کی حفاظت کرے گا اور شجاعت خاں کو مناسب سزا دے گا۔ چنانچہ انھوں نے شجاعت خاں اور اس کے نااہل افسران کی رشوت خوری کے خلاف اجتماعی درخواست بھیجنا طے کیا۔ ساتھ ہی اس شکایت اور انصاف حاصل کرنے کی کوشش کے نتیجے میں شجاعت خاں کی طرف سے ہونے والے مظالم کا سامنا کرنے کے لیے انھوں نے متحد اور متفق رہنے کا بھی عہد کیا۔

اس عہد کے بعد یہ سب سپاہی شجاعت خاں کی فوج کو چھوڑ گئے اور ایک پڑاؤ کے فاصلے پر جا کر رک گئے۔ یہاں سے انھوں نے اپنا ایک سفیر شجاعت خاں کے پاس روانہ کیا۔ سفیر نے شجاعت خاں سے کہا: "آپ کے وزیر نہ تو ہمیں ہمارے جائز حقوق دیتے ہیں اور نہ وہ مراعات دیتے ہیں جو شیر شاہ کی جانب سے ہمیں عطا ہوئی ہیں۔ ہمارا بادشاہ شیر شاہ، کبھی برداشت نہیں کر سکتا کہ اس کے سپہ سالار اس کے سپاہیوں کے ساتھ فریب اور دغا بازی کریں۔ اس کی تو یہ خواہش ہے کہ سردار سپاہیوں کو زیادہ سے زیادہ ایسے مواقع فراہم کریں کہ سپاہی مال و دولت اور تحفے تحائف حاصل کر سکیں۔ نیز ان کی تنخواہیں ہر ماہ معینہ وقت پر معینہ رقم کی شکل میں ادا کی جائیں۔ اگر سپہ سالار اپنے سپاہیوں سے ایسا سلوک نہیں کر سکتے تو سپاہی بھی ان کی یا دوسرے لفظوں میں شیر شاہ کی خدمت وفاداری اور جاں نثاری سے نہیں کریں گے۔ اگر آپ ہمارے حقوق ہم سے چھین لیں گے اور ہمیں تکلیف دیں گے تو ہم مجبوراً آپ کے دشمن بن کر آپ کی مخالفت کریں گے۔ نتیجتہً آپ کی فوج غیر منظم اور کمزور ہو جائے گی اور اس طرح نہ صرف آپ کے حصے میں بدنامی آئے گی بلکہ آپ کے وزرا کو بھی اس کا نتیجہ بھگتنا پڑے گا۔"

جب شجاعت خاں کو ان سپاہیوں کے اس رویے اور درخواست کی اطلاع ملی تو اس نے اپنے وزیروں سے صلاح مشورہ کیا۔ جنھوں نے کہا: "آپ کے دو ہزار سپاہیوں نے آپ کے احکام کی خلاف ورزی کرنے کا ارادہ کیا ہے، جب کہ آپ کی ماتحتی میں دس ہزار شہ سوار ہیں۔ اگر آپ ان دو ہزار باغی فوجیوں کے کہنے کے مطابق ان کی مانگ کو پوری کر لیتے ہیں تو لوگ کہیں گے کہ شیر شاہ کے خوف سے آپ نے ایسا کیا ہے۔ نتیجہ یہ ہوگا کہ دوسرے افسر آپ کو کمزور سمجھ کر آپ کے احکامات سے سرتابی کرنے لگیں گے۔ اس طرح سارے ملک میں آپ کے اقتدار کو ناقابل برداشت نقصان پہنچے گا۔ میری رائے میں تو اس وقت سختی سے کام لینے کی ضرورت ہے۔ ان فوجیوں کو سخت سزا اور تنبیہہ ملنی چاہئے تاکہ ان کے دماغ درست ہو جائیں۔ آئندہ بھی سخت گیری کا رویہ ہی رکھنا چاہئے تاکہ کسی اور کو ایسے باغیانہ اقدام کی ہمت نہ ہو سکے۔"[1]

شجاعت خاں کو حرص اور لالچ نے اندھا کر دیا تھا۔ اس نے شیر شاہ کی منصف مزاجی اور مستقل مزاجی کا خیال نہ کر کے ناعاقبت اندیشی کا ثبوت دیا اور اپنے امیروں کے مشورے سے ان

---

[1] تاریخ شیر شاہی۔ عباس سروانی

دو ہزار سپاہیوں کے پاس بڑا سخت جواب بھیجا اور کہا کہ وہ فوراً چپ چاپ واپس فوج میں آجائیں ورنہ وہ ان سب کو سزائے موت کا حکم سنا دے گا۔ فوجیوں نے یہ سخت جواب پاتے ہی آئندہ کارروائی کے لیے یکے بعد دیگرے کئی مجلسیں منعقد کیں۔ ان میں چند نے تجویز پیش کی کہ بلا تاخیر شیر شاہ جیسے عادل بادشاہ کے پاس جاکر شجاعت خاں کی بدسلوکی کی شکایت کی جائے۔ لیکن ان میں سے چند دور اندیش اور ہوشیار افغان فوجیوں نے، جو شیر شاہ کی عادات و خصائل سے بخوبی واقف تھے، کہا: "ہمیں خود شیر شاہ کے پاس نہیں جانا چاہئے کیوں کہ بادشاہ نے ہمیں شجاعت خاں کی ماتحتی میں جنوبی ہندوستان بھیجا ہے۔ اس کی بغیر اجازت ہمیں اس مقام سے نہیں ہلنا چاہئے۔ بہتر یہ ہے کہ اپنا ایک سفیر مفصل حالات اور شکایات کے ساتھ شیر شاہ کی خدمت میں بھیجا جائے اور جب تک کہ شیر شاہ کا جواب نہ آجائے مالوہ میں رہ کر وہاں کی بدنظمی اور برائیوں کو دور کرنے کی کوششیں کی جائیں۔"

آخر کار شیر شاہ کے جاسوسوں نے سپاہیوں کی بے اطمینانی کی رپورٹ پیش کی جسے اس نے بڑی توجہ سے سنا اور ارادہ کر لیا کہ ان کی شکایات کو رفع کرے گا۔ شیر شاہ کے جاسوسوں نے یہ اطلاع سپاہیوں کے سفیر کے پہنچنے سے قبل ہی اس کے گوش گذار کر دی تھی اور شجاعت خاں اور سپاہیوں کے باہمی جھگڑوں کی پوری کیفیت بیان کر دی تھی۔ شیر شاہ نے شجاعت خاں کے رویہ پر اظہار افسوس کیا اور نہایت غصے کے عالم میں اس کے سفیر کو طلب کیا۔ اس نے سفیر سے کہا: "شجاعت خاں کو لکھ دو کہ کیا وہ دن بھول گئے جب تم بھی بے حد غریب تھے۔ میری مہربانی سے آج تم امیر بن چکے ہو۔ میں نے تمہاری ماتحتی میں ان افغان سپاہیوں کو دیا تھا جو قبیلے اور نسل کے اعتبار سے تم سے بہت اعلیٰ ہیں۔ اتنی دولت پانے کے باوجود تم اپنی تقدیر پر توکل نہیں کرتے اور غریب سپاہیوں کی تنخواہیں ہڑپ کرنا چاہتے ہو۔ اس فعل کے لیے نہ تو تمہیں خدا کا ڈر ہے اور نہ ہی میرے سخت قوانین کی پرواہ ہے جنہیں میں نے سپاہیوں کی آسانی اور عام رعایا کے امن و چین کے لیے نافذ کیا ہے۔ مجھے افسوس ہے کہ تمہیں اپنے اس ناروا رویّہ پر شرم تک محسوس نہیں ہوتی۔ اگر تم میرے رحم و کرم پر نہ ہوتے تو میں تمہاری کھال اتار لیتا۔ میں تمہارا یہ پہلا جرم معاف کرتا ہوں۔ بہتر ہوگا ان سپاہیوں کے سفیر کی واپسی سے قبل ہی ان کی مانگوں کو پورا کر دو ورنہ اگر ان کے وکیل نے مجھ سے آکر شکایت کر دی تو پھر مجھے انصاف کرنا ہی پڑے گا۔ ایسی صورت میں تم سے تمہاری تمام جاگیریں چھین لی جائیں گی اور تمہیں قید کر کے سخت سزا دی جائے گی۔ کسی سردار کو یہ حق نہیں پہنچتا کہ وہ حکمراں کے حکم کی خلاف ورزی کرے، کیوں کہ اس سے جہاں اس سردار کو نقصان اٹھانا پڑتا ہے

وہاں بادشاہ کے وقار کو بھی صدمہ پہنچتا ہے۔" لہ

جب شجاعت خاں کو اپنے سفیر کا یہ خط ملا تو اسے اپنی لاپروائی پر بہت افسوس ہوا اور بادشاہ کی تنبیہہ سے خوف بھی محسوس ہوا۔ اس نے اپنے وزیروں کو برا بھلا کہا: "تمہارے غلط مشوروں کی وجہ سے نہ صرف مجھے شرمندہ ہونا پڑا بلکہ میرے وقار کو سخت نقصان پہنچا ہے۔ اب میں کیا منہ لے کر بادشاہ کے سامنے جاؤں گا۔"

اس کے بعد وہ بذاتِ خود ان دو ہزار سپاہیوں کے پاس گیا اور اپنی بدسلوکی کے لیے معافی مانگی اور آئندہ بہتر سلوک کے لیے قسمیں کھائیں اور آخر میں تحفے تحائف دے کر فوج میں واپس لانے کے لیے رضامند کیا۔ کہا جاتا ہے کہ جب شجاعت خاں کے اس بہتر سلوک کی اطلاع سپاہیوں کے سفیر کو ملی تو وہ شیر شاہ کے دربار میں جانے کی بجائے شجاعت خاں کے پاس واپس آ گیا۔ جب یہ سفیر شجاعت خاں کے سامنے حاضر ہوا تو شجاعت خاں نے خدا کے حضور گڑگڑا کر اظہار ندامت کیا۔ غریبوں اور فقرا میں کپڑے اور نقد روپیہ تقسیم کیا اور اس سفیر کو ایک گھوڑا اور خلعت بطور انعام پیش کیا۔

شیر شاہ کا خوف

اس طرح ظاہر ہے کہ شیر شاہ کے اقبال کے سامنے، اس کی موجودگی یا غیر موجودگی میں سارے افغان سردار اور فوجی سر تسلیم خم کیے رہتے تھے۔ جانی اور مالی نقصان کے خوف سے کسی بھی شخص کو اس کے حکم کی خلاف ورزی کرنے کی جرأت نہ ہوتی تھی۔ کہا جاتا ہے اس کے قانون بے حد سخت تھے اور ان کی تعمیل اور پابندی بلا چون و چرا ہر ایک پر لازم تھی۔ اگر اس کے بیٹے، بھائی اور قریبی عزیز بھی اس کی خواہش کے برعکس عمل کرتے یا کسی سرکاری حکم کی خلاف ورزی کرتے تو وہ انھیں سزائے موت تک دینے میں بھی ذرا بھی نہیں ہچکچاتا تھا۔ شیر شاہ کو افغان قوم پر فخر و ناز تھا اور افغانوں کی عزت آبرو اقبال مندی کے لیے اس لیے جو قابلِ تحسین کوششیں کی تھیں ان کے باعث اس کے افغان سردار اتنے ممنون احسان تھے کہ وہ اس کے احکامات کا دلی استقبال کرتے تھے اور ان پر بخوشی عمل پیرا ہوتے تھے۔

لہ تاریخ شیر شاہی۔ عباس سروانی۔

شیر شاہ کے زمانۂ حکومت میں اعظم ہمایوں نیازی پنجاب اور ملتان کا صوبہ دار تھا اور اس کے پاس تیس ہزار سواروں کی طاقتور فوج موجود تھی۔ شیر شاہ کے کسی دوسرے سردار کے پاس اتنی بڑی فوج نہ تھی۔ لیکن اعظم ہمایوں نے بھی کبھی بادشاہ کے حکم کی خلاف ورزی کرنے کی ہمت نہ کی۔ اس نے اپنے بھتیجے مبارز خاں کو روہ کے علاقہ میں حکومت کرنے بھیجا، جہاں نیازی قبائل کی کثرت تھی۔ مبارز خاں نے سنبھل کے سردار خواجہ خضر سنبھل سے خواہش کی اسے وہ قلعہ عنایت کر دیا جائے جو اس نے دریائے سندھ کے مغربی کنارے پر گچ اور مٹی سے بنوایا ہے۔ خضر خاں نے اس خواہش کا احترام کرتے ہوئے قلعہ فوراً ہی مبارز خاں کے حوالے کر دیا۔ شیر شاہ کے سرداروں میں ہمیشہ باہمی اتحاد و ہمدردی کے جذبات کارفرما رہے اور وہ شیر شاہ کی دل و جان سے خدمت بجالانے میں دلی مسرت حاصل کرتے تھے۔

اللہ داد سنبھل نامی ایک فوجی سردار کی بیٹی اپنی نزاکت اور خوبصورتی کے لیے تمام سنبھل میں مشہور تھی۔ مبارز خاں اس کی خوبصورتی اور حسن کا شہرہ سنتے ہی نادیدہ اس پر عاشق ہو گیا اور اُسے حاصل کرنے کے لیے بے قرار ہو گیا۔ اپنی طاقت اور عہدہ کے غرور میں اس نے اللہ داد کے پاس اپنا ایک آدمی خفیہ طور پر بھیجا اور اس کی بیٹی کا ہاتھ مانگا۔ افغانوں میں خاص طور پر روہیلہ یعنی روہ کے رہنے والے پٹھانوں میں نسلی بزرگی اور امتیاز کو بڑی اہمیت دی جاتی تھی۔ مبارز خاں نے اس اہم نکتہ پر غور نہیں کیا اور اس کا قبیلہ اللہ داد کے قبیلہ سے کمتر درجہ کا تھا۔ چنانچہ اللہ داد نے بہت عاجزی کے ساتھ مبارز خاں کو سفیر کے ذریعے پیغام بھجوایا: "مجھے احساس ہے کہ آپ ایک طاقتور سردار اور بلند رتبہ حاکم ہیں۔ آپ کے کئی بیٹے ہیں اور آپ کے حرم میں کئی حسین بیگمات اور کنیزیں ہیں۔ آپ ہندوستان میں پیدا ہوئے ہیں اور آپ کی پرورش بھی اسی ملک میں ہوئی ہے اس لیے آپ کا جسم اور عادات و خصلت نرم اور خاکسارانہ ہیں۔ اس کے برعکس میرے بچے روہ میں پیدا ہوئے اور پلے بڑھے ہیں، اس لیے ان کی طبیعتوں میں تندی اور خشونت زیادہ ہے۔ ایسی صورت میں میرے اور آپ کے خاندان کے لیے یہ رشتہ کسی لحاظ سے مناسب نہیں ہے کیوں کہ ہم دونوں کے خاندان میں یکسانیت نہیں ہے۔"

مبارز خاں یہ جواب پاکر آگ بگولا ہو گیا۔ اس نے سنبھلی افغانوں کو طرح طرح تکالیف پہنچانا شروع کر دیں اور انھیں بلاوجہ عاجز و پریشان کرنے لگا تاکہ وہ لوگ مجبور ہو کر اللہ داد کی بیٹی کو اس کے نکاح میں دے دیں۔ شیر شاہ کے خوف سے ان لوگوں نے مبارز خاں کے سارے

مظالم کو برداشت کیا لیکن جب پانی سر سے اونچا ہونے لگا تو تین سنبھل افغان بھائیوں، فرید، ادریس اور نظام[1] نے جو اللہ داد کے سوتیلے بھائی تھے، مبارز خاں سے گزارش کی: "ہم تینوں بھائیوں کی کئی بیٹیاں ہیں آپ ان میں سے کسی ایک سے شادی کریں۔ لیکن براہِ کرم ہم سنبھلیوں کو پریشان کرنا ترک کر دیں۔" مبارز خاں نے انھیں جواب دیا: "مجھے آپ کی بیٹیاں نہیں اللہ داد کی بیٹی چاہیے۔"

جب سنبھل افغان سرداروں نے دیکھا کہ مبارز خاں کسی طرح نہیں مانتا اور انھیں ایک ایسے کام کے لیے مجبور کر رہا ہے جسے وہ انجام نہیں دے سکتے تو انھوں نے جرأت سے کام لیتے ہوئے مبارز خاں سے کہا: "ہمارے اور آپ کے خاندان کے درمیان کئی بار شادی بیاہ کے رشتے قائم ہوئے ہیں لیکن یہ جب کی بات ہے جب ہمارے دونوں خاندانوں میں کسی طرح کی آمیزش نہیں ہوئی تھی اور ہم سب اصل نسل تھے۔ ہم تینوں بھائیوں کی اور آپ کی والدہ محض کنیز تھیں۔ ہر چند کہ آپ کا مقام اور رتبہ نہایت بلند ہے اور آپ کا ہمارے خاندان میں رشتہ کرنا مناسب نہیں ہے لیکن والدہ کی طرف سے ہم دونوں کا معاملہ ایک سا ہی ہے اور اسی خیال سے ہم نے اپنی بیٹی آپ کے عقدِ نکاح میں دینے کا خیال کیا، کیوں کہ اس طرح ہم دونوں کے درمیان سے خاندانی دشمنی ہمیشہ ہمیشہ کے لیے ختم ہو جائے گی لیکن بدقسمتی سے آپ نے ہماری درخواست کو نامنظور کر دیا جس کا ہمیں بے حد رنج ہے۔ ہم دوبارہ آپ سے درخواست کرتے ہیں کہ خدا سے ڈریں افغانوں کے رسم و رواج کا احترام کرتے ہوئے اللہ داد کی بیٹی سے شادی کا خیال ترک کر دیں وہ ایک اعلیٰ افغان خاندان سے تعلق رکھتا ہے اور کسی حال میں اپنی بیٹی آپ کو نہیں دے گا۔ آپ اس خیال خام سے باز آئیں۔"

مبارز خاں اپنے مقام اور طاقت کے نشے میں چور تھا۔ افغان سرداروں کی گفتگو سن کر بے حد ناراض ہوا اور اس نے ان پر ناقابل برداشت ظلم کرنا شروع کر دیے۔ ان کے کھیتوں کو تباہ کروا دیا۔ جائدادیں چھین لیں۔ مردوں کو غلام بنا لیا ان میں ایک غلام خیرو بھی ایک سنبھل سردار تھا جس کی بیٹی کو اس نے اپنے قبضہ میں کر لیا۔ خیرو اللہ داد کا ملازم تھا اور شحنہ کے عہدے پر مامور تھا۔ مبارز خاں کے ظلم و ستم سے عاجز آ کر تمام سنبھلی سردار ایک وفد کی شکل میں اس کے پاس گئے اور کہا: "ہماری اور آپ کی بیویوں، بیٹیوں کی عزت آبرو ایک جیسی اہمیت رکھتی ہے اس لیے آپ سے گزارش ہے کہ آپ خیرو کی بیٹی کو چھوڑ دیں اور ہماری خواتین کی عزت اور ان کا تحفظ کریں۔" اگرچہ سنبھلی سرداروں نے نہایت عاجزی سے یہ درخواست کی تھی لیکن مبارز خاں نے ان

[1] یہ نام مشکوک سمجھتے ہیں

کی ایک نہ سنی۔ آخر کار سنبھلیوں نے مجبور ہو کر اس کے خلاف زبردست قدم اٹھانے کا فیصلہ کر لیا۔ انھوں نے ایک بار پھر اس کے پاس جا کر اُسے سمجھانے کی کوشش کی کہ آپ ہندوستان میں پیدا ہوئے ہیں اس لیے افغانوں کی فطرت سے بخوبی واقف نہیں ہیں۔ آپ یوں سمجھ لیں کہ ایک شاہین کبھی سارس کو قبول نہیں کر سکتا۔ ہم نے انتہائی عزت واحترام کے ساتھ آپ سے گزارش کی ہے کہ آپ ہمیں نہ ستائیں اور ہم پر بلا وجہ ظلم نہ توڑیں۔ ہمیں سکون اور امن کے ساتھ یہاں رہنے کی اجازت دیں۔ خیرو کی معصوم اور بے بس بیٹی کو رہا کر دیں۔" مبارز خاں نے آگ بگولا ہو کر جواب دیا: "تم خیرو کی بیٹی کی آبرو کی بات کرتے ہو۔ میں اللہ داد کی بیٹی کو اٹھا لانے کی فکر میں ہوں۔"

یہ سن کر سنبھل سردار بھی آپے سے باہر ہو گئے اور کہا "آپ کو اپنی جان کی سلامتی کا بھی خیال رکھنا چاہیے اور اپنی حد سے باہر قدم نہیں نکالنا چاہیے۔ اگر آپ نے ہماری عزت وآبرو سے ہی کھیلنے کی ٹھان لی ہے تو پھر ہمارے پاس بھی آپ کی جان لینے کے سوا اور کوئی چارہ نہیں ہے۔ گو ہم جانتے ہیں کہ اس کے بعد ہم کو شیر شاہ کے غضب کا نشانہ بننا پڑے گا اور نہ جانے ہمارے کتنے سنبھل سرداروں کو اپنی جان سے ہاتھ دھونا پڑے۔"

مبارز خاں نے یہ سن کر اپنے غیر افغان دربانوں کو حکم دیا: "ڈنڈے مار کر ان افغان سرداروں کو باہر نکال دو۔ میں یہ بے عزتی ہرگز برداشت نہیں کر سکتا۔" یہ سن کر اس کے ملازمین نے لاٹھیاں سنبھال لیں۔ سنبھل سرداروں کے سر سے بھی پانی اونچا ہو چکا تھا۔ چنانچہ انھوں نے انتہائی وغضب کے عالم میں ہندوستانی دربانوں پر حملہ کر دیا اور آناً فاناً مبارز خاں اور اس کے کئی ساتھیوں کو تہ تیغ کر ڈالا۔

جب شیر شاہ کو اس حادثہ کی اطلاع ملی تو اس نے اعظم ہمایوں کے پاس ایک تحریری پیغام بھیجا۔ "افغانوں میں صرف سور قبیلے کے لوگ ہی ایسے ہیں جو جھگڑالو نہیں ہیں۔ اگر دوسرے افغان سوریوں کو قتل کرنے لگ جائیں تو ایک بھی سوری شخص زندہ نہ بچے گا۔ ان سنبھل افغانوں نے جو تمہارے رشتے دار ہیں، فساد کر کے بہت بری مثال قائم کی ہے۔ تمہیں چاہیے کہ انھیں قرار واقعی سزا دو تاکہ دوسروں کو عبرت ہو اور وہ اپنے ہی سرداروں کے قتل کے درپے نہ ہوں۔"

جب اعظم ہمایوں نیازی کے پاس یہ پیغام پہنچا تو اس نے ایک بڑا لشکر تیار کیا اور سنبھلیوں پر حملہ کر دیا۔ سنبھل اپنے گاؤں خالی کر کے پہاڑی قلعوں میں پناہ گزیں ہو گئے جہاں سے انھوں نے اپنے اہل وعیال سمیت واپس کابل جانے کا عہد کر لیا۔

جب اعظم ہمایوں کو سنبھلی سرداروں کے کابل جانے کی اطلاع ملی تو وہ نہایت فکرمند ہوا۔ اس نے وزیروں سے مشورہ کیا اور کہا: "افغان ہمارے بھائی ہیں۔ ہمارے قبیلے کی آبرو انہی سے قائم ہے۔ اگر ہم ان پر سختی کرتے ہیں اور گرفتاری کی کوشش کریں گے تو یہ لوگ کابل چلے جائیں گے۔ بادشاہ سمجھے گا کہ میں نے جان بوجھ کر انھیں ہندوستان سے کابل جانے کی ترغیب دی ہے اس لیے ہمیں ہر قیمت پر انھیں واپس بلانا چاہیے۔"

چنانچہ اس نے اپنا ایک سفیر سنبھلی سرداروں کے پاس روانہ کیا اور پیغام بھیجا: "میں نے اس حادثہ کی مکمل طور پر تفتیش کی ہے اور اس نتیجہ پر پہنچا ہوں کہ آپ لوگ قطعاً بے قصور ہیں۔ مبارز خاں کی زیادتیوں اور ظلم و ستم سے تنگ آکر آپ کو یہ قدم اٹھانا پڑا۔ لہٰذا میری رائے یہ ہے کہ آپ سب واپس آجائیں۔ شیر شاہ سے گزارش کروں گا کہ وہ آپ کی یہ غلطی کو معاف کردے۔ افغانوں کے رسم و رواج کے مطابق، اس عداوت و دشمنی کو ختم کرنے کے لیے ہم نیازی سردار اپنی چند بیٹیوں کی شادی سوریوں سے کردیں گے ورنہ شیر شاہ تمہارے دو تین سرداروں کو قتل کرنے کے بعد ہی تمہارے قصور معاف کر سکے گا۔ یہ مناسب نہیں ہے کہ آپ کا تمام قبیلہ ملک بدر کر دیا جائے اور آپ دوسرے ملکوں میں ٹھوکریں کھائیں۔"

سنبھلی سرداروں نے عاجزی سے جواب بھیجا کہ ہم سخت مشکل وقت سے گزر رہے ہیں لیکن پھر بھی اگر سوری سردار ہم پر حملہ آور ہوں گے تو ڈٹ کر ان کا مقابلہ کریں گے۔ لیکن دونوں طرح سے نقصان ہمارا یعنی ہمارے یعنی نیازی قبیلے ہی کا ہوگا۔ اگر ہم مارے جاتے ہیں تو آپ کو رنج و افسوس ہوگا اور اگر ہم جیت گئے تو آپ کی وفاداری اور شہرت پر الزام آئے گا۔ اگر آپ خدا کو حاضر ناظر جان کر ہمیں قول دیں اور وعدہ کریں کہ آپ کے پاس واپس لوٹنے کی صورت میں ہماری عزت آبرو اور جان و مال کو کوئی نقصان نہ پہنچے گا تو ہم بخوشی آپ کی خدمت میں حاضر ہو کر آپ کے حکم کی بجاآوری کے لیے تیار ہیں۔"

اعظم ہمایوں نے جواباً لکھا: "کیا آپ سمجھتے ہیں مجھے اپنے خاندان کی عزت و ناموس کا کوئی خیال نہیں۔ میں اپنے عزیز و اقارب اور بھائیوں کو ہرگز نقصان نہیں پہنچا سکتا۔" آخر میں اس نے قسمیں کھا کھا کر ان کی جان و مال کے تحفظ کا عہد کیا۔ چنانچہ اس کے وعدوں پر یقین کرتے ہوئے سبھی سنبھلی سردار اپنے لواحقین کے ساتھ واپس آگئے۔

لیکن اعظم ہمایوں نے اپنے وعدے پورے نہ کیے بلکہ اپنے بھائیوں کے ساتھ فریب کیا اور

انھیں نرغے میں لے کر لو تسو ۹ سنبھل سرداروں کو قتل کروادیا۔ کہا جاتا ہے کہ جس وقت اعظم ہمایوں افغان سرداروں کا قتل عام کر رہا تھا تو کچھ نیازی سرداروں نے انھیں بھاگ نکلنے کا مشورہ دیا لیکن سنبھل سرداروں نے جواب دیا کہ میدان سے بھاگ جانے سے بہتر ہے کہ خاندان سمیت ہم اپنی جانیں قربان کردیں ہماری غیرت و حمیت گوارہ نہیں کرتی کہ راہِ فرار اختیار کریں۔ بزرگوں کا قول ہے کہ "مرگ با دوستاں جشن دارد"۔ یعنی دوستوں کے ساتھ جان دینا بھی جشن کے برابر ہے۔ اعظم ہمایوں جب سنبھل سرداروں کو قتل کر چکا تو اس نے ان کی بیویوں اور بچوں کو غلام بنا کر شیر شاہ کے پاس روانہ کردیا۔

شیر شاہ ہرگز خواہش مند نہ تھا کہ ایسا بہیمانہ سلوک کیا جاتا چنانچہ اس نے اعظم ہمایوں کے اس وحشیانہ رویے کی شدید مذمت کی اور اسے لکھا: "آج تک کسی بھی افغان سردار نے ایسا نفرت انگیز قتل عام نہیں کیا تھا۔ تم نے محض میرے خوف سے اپنے ہی قبیلے کے بے شمار بھائیوں کو قتل کر ڈالا۔ تم نے یہ اچھا نہیں کیا۔"

شیر شاہ اعظم ہمایوں کو پنجاب کو گورنری سے برطرف کرنا چاہتا تھا لیکن اسی اثنا میں کالنجر کے حکمران کرت سنگھ پر چڑھائی کرنا پڑی اور وہیں شیر شاہ کا انتقال ہوگیا اس لیے اعظم ہمایوں بدستور پنجاب کا صوبہ دار رہا۔ شیر شاہ کے انتقال کے بعد بھی اس کے جانشینوں نے اعظم ہمایوں کے ساتھ نہایت عزت و احترام اور رواداری کا سلوک کیا۔

شیر شاہ کے برسرِ اقتدار آتے ہی ہندوستان میں جا بجا ہونے والی بغاوتیں ختم ہوگئیں۔ نظم و نسق قائم ہوگیا۔ چوری اور ڈاکہ زنی کا خاتمہ ہوگیا۔ جرائم کم ہوگئے۔ اس کے بنائے ہوئے سخت قوانین اور سزاؤں کے خوف سے اہل کاروں اور کارندوں نے عوام کو پریشان کرنا ترک کردیا۔ اس کے زمانۂ حکومت میں ملک میں ہر طرف امن و سلامتی اور خوش انتظامی کا دور دورہ تھا۔

شیر شاہ سوری (حیات اور کارنامے) ودیا بھاسکر

ہندوستان کی تاریخ میں شیر شاہ سوری کا اہم مقام ہے۔ وہ اُن حکمرانوں میں سے ایک تھا جنھوں نے ہندوستان جیسے عظیم اور وسیع ملک کو وحدت کے دھاگے میں باندھنے کی کوشش کی۔ شیر شاہ سوری اپنے دور کا نہایت دُور اندیش ہوشیار اور بے حد دانشمند حکمراں تھا۔ اس کی یہ خصوصیت اس لیے اور بھی قابل تعریف ہے کہ وہ ایک معمولی جاگیردار کا بیٹا تھا اور اس نے اپنی بہادری، غیر معمولی ہمّت، محنت اور دُور اندیشی سے دہلی کا تخت حاصل کیا تھا۔ تاریخ 'شیر شاہی' میں اُسے 'سکندر ثانی' کا لقب دیا گیا ہے۔

اس کتاب کے مصنف ودیا بھاسکر مشہور صحافی ہیں اور ہندی کے مشہور اخباروں 'پٹنہ کے آریہ ورت پٹنہ، پریاگ کے اُمرت پتریکا' اور بنارس سے شائع ہونے والے 'آج' کے ایڈیٹر رہے ہیں۔